全国小学生校园美文精品集萃丛书

月下听琴

《语文报》编写组 编

時代文藝出版社

图书在版编目（CIP）数据

月下听琴 /《语文报》编写组编. —长春：时代文艺出版社，2018.8（2023.6重印）
（“七色阳光小少年”全国小学生校园美文精品集萃丛书）

ISBN 978-7-5387-5929-7

Ⅰ. ①月… Ⅱ. ①语… Ⅲ. ①作文－小学－选集 Ⅳ. ①H194.4

中国版本图书馆CIP数据核字（2018）第135832号

出品人 陈 琛
产品总监 郭力家
责任编辑 曾艳纯
装帧设计 孙 利
排版制作 隋淑凤

月下听琴

《语文报》编写组 编

出版发行 / 时代文艺出版社
地址 / 长春市福祉大路5788号 龙腾国际大厦A座15层 邮编 / 130118
总编办 / 0431-81629751 发行部 / 0431-81629758
官方微博 / weibo.com / tlapress
印刷 / 北京一鑫印务有限责任公司
开本 / 700mm × 980mm 1 / 16 字数 / 153千字 印张 / 11
版次 / 2018年8月第1版 印次 / 2023年6月第5次印刷 定价 / 34.80元

图书如有印装错误 请寄回印厂调换

编 委 会

目录

“嘀”“嗒”之间

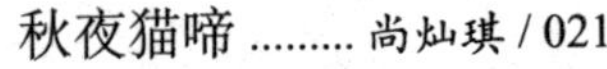

我与风景有个约会

不能没有你

墙缝中的小白菜

栀子花开

“嘀”“嗒”之间

在每个安静的深夜里，我总能在半睡半醒之间听见“嘀”和“嗒”两声脆响，那是开灯和关灯的声音。

这天晚上，我刚沾着枕头三分钟就睡着了。“呼哧！呼噜噜……”我正美美地打着呼噜呢！忽然，“嘀！”一声，床头的灯被谁开了，刺眼的灯光投射下来……

“嘀”“嗒”之间

周奕玮

在每个安静的深夜里，我总能在半睡半醒之间听见“嘀”和“嗒”两声脆响，那是开灯和关灯的声音。

这天晚上，我刚沾着枕头三分钟就睡着了。“呼哧！呼噜噜……”我正美美地打着呼噜呢！忽然，“嘀！”一声，床头的灯被谁开了，刺眼的灯光投射下来，像个金光闪闪的大笼子无情地罩着我的脑袋。我蒙蒙胧胧醒了过来，转过头去看了门外一眼。咦！夜这么深了，妈妈怎么进来了？我纳闷儿了。怕妈妈发现我醒着又要着急生气，我赶紧转过头去，闭上眼睛装睡。妈妈轻轻地走近了我的小床，低声喃喃着：“哎！这孩子，每天被子都被她蹬掉，真拿她没办法。”我感到被头小心翼翼地爬上我肩头，顿时，温暖迅速将我全身包围。我偷偷眯眼一瞧，妈妈成天顶着的那两个黑眼圈，在灯光的阴影里更黑了，像戴着一副乌黑的黑镜框。唉！这对让她烦恼已久的黑眼圈原来是这么来的！

“嗒！”一声，灯被关掉了，我再一次进入“嘀”“嗒”之间暖洋洋的梦乡……

冲　水

计远航

放学回到家，我感到口干舌燥，便连忙去厨房倒水喝。可打开热水瓶一看，里面空空的。好吧，我自己去冲水去。

我便一手提一个热水瓶朝门外走，奶奶看见了，急着喊："孩子，你还小，拿不动的，快回来。"我都四年级了，还小？装着没听到奶奶在喊，我拎着两个空瓶一溜烟地跑出大门。

来到老虎灶前，啊，人真多，一条长龙没有一百米也快有五十米吧！没办法，只好耐下心来等着。感觉等到头发都快白了时，终于轮到我了。

"叔叔，冲两瓶水。"我边说边把热水瓶放在灶台上，打开瓶盖，把瓶口对准龙头。叔叔拧开水龙头，"哗——哗——"热水直泻而下，雾气蒸腾，不时发出"汩汩"的声音。一会儿两瓶水灌满了，"啪"，叔叔关上了龙头。"孩子，四毛钱。""哦，叔叔，给你。"掏出口袋里的零花钱，我将这两瓶水买了单。好在，我的零花钱足够多，也就不太心疼了。

付完钱，我一手提起一个热水瓶。哎呦！好沉，完全不像我来时那样轻飘飘的。后面一位大爷看见了，问道："孩子，行吗？""行！"我装着一点都不吃力的朗声回答道。"孩子，路上小心，慢慢走。”后面传来冲水叔叔的叮咛声。

提着满满的两瓶热水走出大门，我渐渐感受到了水瓶的重量。手被勒得生疼，还得小心翼翼地坚持着不敢放下——一放下，估计我就没勇气再提起他们了。渐渐的，路还没走到一半，我的两只手便僵直了，像灌了铅一样，疼到有些麻木。终于，我承受不住了，只能把热水瓶放在路边，休息了一会儿。顺路的熟人想帮我拎一个，送我回家，只是我实在不好意思接受他的帮助。要知道，我是四年级的学生了，两瓶水都拎不动，说出去会让人笑话的。

休息了一会儿，我又咬着牙提起热水瓶往家走。可不一会儿又感觉水瓶越来越沉，步履蹒跚，心想奶奶在眼前就好了。“孩子，我来吧。”我抬头一看，奶奶果然来到我眼前。我高兴得差点哭了起来。“不是我说你，脾气就是倔，以后听话，别逞能！”双手接过我手中的热水瓶后，奶奶埋怨我道。“知道了，奶奶！”我一边搓着手，好让手舒服点，一边回答着奶奶。

唉，真是“不听老人言，吃亏在眼前”啊！不过，我也体会到看似简单的冲水，其实也不是一件简单的事儿。

作文发下后

吴承亿

今天下午，老师将作文本发了下来。看着一个个同学领到作文本，我的心怦怦地跳着。我的作文一向写得不好，真怕拿不到好的

评语。

终于发到我的作文本了。我深深地吸了一口气，闭着眼睛凭印象将作文本翻开。再睁开眼，一看，天啊，我的作文后面居然画了五颗星。我简直不敢相信我的眼睛。这怎么可能？！

是不是发错了？认真一读，是我写的作文啊！想想不放心，又翻到封面一看，上面写的也是我名字！

“是，是我的作文！我的作文得五颗星了！”我高兴得像拿到了诺贝尔奖一样，差点就在教室里喊出声来了。如果那时，能给我一座空旷的山谷该多好，我一定会大声喊个够。

放学回到家，我激动地飞奔到老妈跟前：“我今天有个惊喜！老妈！”“什么惊喜呀？”老妈一脸疑惑，站在那儿看着我，都忘了给我放下书包。

“我的作文得了五颗星!”掏出作文本，我在老妈眼前晃着。

“哇！这可是你有史以来的第一次！”接过作文本一看，老妈的脸上也露出了喜悦的笑容。

等老爸回家时，还没等我报喜，老妈就抢先说了：“哎，跟你说，我家今天有一件喜事，想不想知道？”老爸的表情跟老妈当时听我说时一样一样的，张着嘴，一脸惊讶。“今天，我们儿子的作文，得了五——颗——星！”

老爸一听，眉开眼笑：“好消息，的确是好消息！我得奖励他二十元钱，让他买书看。”老爸掏出钱，递给我，并摸了摸我脑袋，“以后，还得再接再厉！”

“谢谢老爸！”我高兴地接过钱，心里比夏天吃了冰激凌、冬天喝了热姜汤都舒服。

看着老爸老妈这样高兴，在心里我暗暗告诫自己，不能骄傲，以后要更加努力，让自己的学习能够更加进步，让老爸老妈能因为我而更加快乐、自豪！

“牛犊”战“老姜”

俞翊熙

“姜是老的辣！”每次开战，爷爷总会唠叨这句。“初生牛犊不怕虎”，我立马还了一句。我和爷爷都喜欢下军棋，每次对战，都会斗得“你死我活”。

一开始，“老姜”就把我的司令炸飞了，令我措手不及。我方群龙无首，军中则变成一团乱麻。不一会儿，我又损了几员战将，而“老姜”的壮士们却安然无恙。面对敌强我弱的局势，我暗暗提醒自己：“不能乱了阵脚，不能放弃胜利的希望，要以智取胜。”于是，我使出调虎离山之计，以牙还牙，炸掉“老姜”的司令。接着，我乘胜追击，用军长干净利落地歼灭了敌方一名师长和工兵。

正当我踌躇满志之时，“老姜”突然抛出一枚炸弹，吓得我方军长连滚带爬回了军营，“老姜”用炸弹死守我方阵前，令我不敢轻举妄动。我一边寻思，一边寻找时机。我调来“除弹专家”——工兵，准备绕到敌后，发动突袭，谁知“老姜”早料到这一招，把炸弹调到铁路，并派连长护卫。我方工兵既要除掉炸弹，又要提防连长，忙得团团转。“老姜”抢准这个空档，挖走我的炸弹，还除掉了我的两员大将。祸不单行，我的工兵不但没有完成任务，还壮烈牺牲了，真是“赔了夫人又折兵”。哎，就剩下军长这一“光杆司令”了。军长

紧急出动，谁知，又中了“老姜”下怀，他的炸弹虎视眈眈地等了半天了。就这样，我剩下的都是虾兵蟹将。有意重新排兵布阵也难。无奈敌强我弱，没多时，我方便全军覆没。

“老姜”得意扬扬地说：“姜还是老的辣啊！”我毫不示弱，涨红脸回击：“一局哪能定输赢？再下两局，让你领教一下什么叫初生牛犊不怕虎！”

于是，战火重燃，狼烟滚滚，究竟鹿死谁手，请你们拭目以待……

老爸的抱怨

易　菲

自从上了小学后，我经常写作文，妈妈是我作文里的重要人物。哭泣时，妈妈帮我擦眼泪；受挫时，妈妈软语细声地鼓励我；成功时，妈妈与我分享喜悦；遇到“拦路虎”时，妈妈循循善诱地引导我……在我的作文里，妈妈似天女下凡，美丽善良；又像超人，无所不能。刚开始，爸爸还满面笑容地指导我写作文，帮我修改，可渐渐地，爸爸好像不那么积极了。

星期天，老师要求我们写一篇习作。写什么好呢？我托着腮帮子正想得出神。这时，爸爸来了，我赶紧请他出谋划策。

哪知爸爸沉着脸阴阳怪气、不紧不慢地说道：“写什么？写你妈妈呗！”

“呦呦呦，这是怎么了？一股子酸味么。”妈妈掩着嘴打趣。

爸爸委屈地抱怨道：“有一个人写作文时总是妈妈、妈妈的，爸爸好像是空气。书上说女儿是父亲前世的情人，原来都是骗我这样的傻瓜的啊！”哼，这不明摆着说我拿他不起劲吗？看来，爸爸在提醒我要关注他，给他一点存在感呀！

这关键时刻，可不能惹爸爸要生气。要不，他要是撂挑子我可就惨了。我赶紧“见风使舵”，拉着爸爸的衣袖，讨好地说：“爸爸，好爸爸，您就教教我写什么吧！”

爸爸听了，故作严肃地说：“这次，就写写我吧！只是，写我什么好呢？”

还没等他想出写他什么“光辉事迹”，妈妈搭上腔了：“写什么好？就写写你刚才对宝贝的那良好态度，挺好的。”

听妈妈一说，我立刻灵感来了，抓起笔“唰唰”写了起来。嘿嘿，老爸，不要怪我笔下不留情哦！于是，就有了这篇《老爸的抱怨》！

“大胖”和“二胖”

王何子航

我家有两个胖子。一个是爸爸，绰号“大胖”；另一个是我，绰号“二胖”。

我俩不仅是一对好父子，还是一对非常要好的朋友。

大胖非常爱打乒乓球。这一点跟二胖相同，二胖也爱打。

记得暑假的时候，小区举行了一个“亲子乒乓球大赛”。我俩双双上阵，一路过关斩将，打到最后的总决赛。就在这时，二胖遇到了有生以来最强劲的对手，心里很紧张。第一节打下来后，二胖落后了一分。休息时，大胖似乎看透了我的心思，抚摸着我的头说：“加油！别紧张，打球时千万不能乱了阵脚，输了没关系，尽力就好。”

我看着大胖微笑的脸，顿时感到信心十足。后面的比赛，我忘记了得分，只全神贯注地观察着对手。经过一番激烈的较量，我终于打败了对手。我高声欢呼着，大胖也高声欢呼着，比他自己胜了还高兴。

在后面的比赛中，大胖也顺利地打败了对手。大胖和二胖一起捧着奖杯，彼此相视傻笑。那一刻，我为大胖感到无比骄傲。大胖也应该在为他的二胖感到骄傲与自豪吧。

大胖和二胖还特别喜欢看新闻。我们喜欢在吃过饭后一起看《每日新闻播报》。

在一个周五晚上，大胖和二胖吃过晚饭，打开电视看新闻。我俩都目不转睛的盯着电视，周围静悄悄的，没有声音，只有电视发出来声音。好像全世界只有我俩与那部电视一般。

“你们耳朵聋了吗？叫了那么多声你们都听不见，你们是不是故意的？”过了许久，节目终于放完了，我们才听到老妈正在房间里大叫。不好，又惹老妈大动肝火了！我俩面面相觑，不知道该说什么。唉，谁让我俩这么专注于看新闻，没有听到妈妈在叫我们呢？

大胖的厨艺也是一绝，尤其是一手白菜煮方便面，那味道，真是美味极了。

除此之外，大胖还有很多的爱好跟二胖一样：爱吃东西，爱睡懒觉，爱帮助他人……

大胖曾经告诉过二胖：一个人，想让别人看到你的价值，那么，你必须做一些有意义的事情，让别人看到你的闪光点，关注你。诸如这样的经典语录，大胖还有很多。别说，这些话还真有用，经常在二胖遇到困难时，能从脑海里冒出来，帮二胖指引方向。

大胖和二胖不仅是一对好父子，更是知心朋友。有他，二胖很骄傲，很自豪，也很快乐。

我爱我家的大胖！

爱的絮语

钱相岑

放学回到家。“啊！热啊，好热！”我边说边把衣服揪下。奶奶看见了：“把衣服穿起来，快！不然着凉了。”她急匆匆去做饭的脚步停了下来。我不以为然：“没事儿，让我凉一会儿。”“不行！”她厉声叫道，“都感冒了，还不穿？”我还是不屑一顾。她走进卧室，拿了件上衣走到我面前放在我手上：“穿！”我只好不情愿地穿了起来。

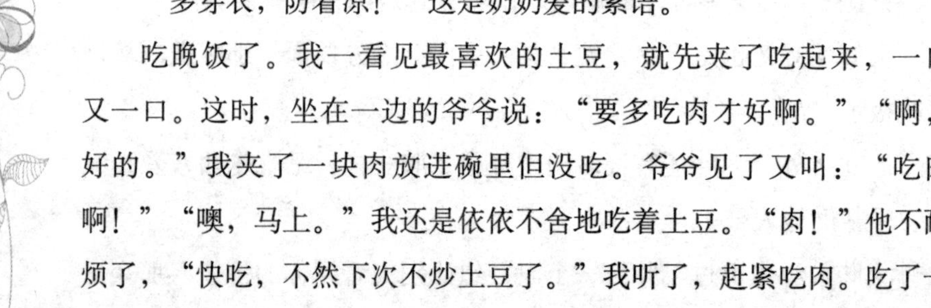

“多穿衣，防着凉！”这是奶奶爱的絮语。

吃晚饭了。我一看见最喜欢的土豆，就先夹了吃起来，一口又一口。这时，坐在一边的爷爷说：“要多吃肉才好啊。”“啊，好的。”我夹了一块肉放进碗里但没吃。爷爷见了又叫：“吃肉啊！”“噢，马上。”我还是依依不舍地吃着土豆。“肉！”他不耐烦了，“快吃，不然下次不炒土豆了。”我听了，赶紧吃肉。吃了一

块，继续夹土豆。“要多吃肉啊，你现在正是长身体的时候，多吃肉才能长个子啊。”爷爷还在念叨着。

“多吃肉，长个子。”这是爷爷爱的絮语。

做作业时。妈妈回来了，看见我第一句话就是：“头，抬起来。”等她换好衣服，走进我的房间，又是一句：“抬起来，头。”把正在思考的我吓了一跳。正当我想得入迷，头又轻轻低下去的时候，正在客厅削水果的妈妈又敏锐地捕捉到了，她的大叫以光速传了过来：“头！”我暗想，我妈就是超人啊，能耳听六路，眼观八方呢。

“头，抬起来！”这是妈妈爱的絮语。

一句叮咛，一句唠叨，点点滴滴的生活中，爱的絮语无处不在。而我，就在这些爱的包围中长大了。

爸爸的鼾声

黄雨欣

有的人喜欢聆听那淅淅沥沥的雨声，有的人喜欢聆听那轰轰隆隆的波涛声，还有的人喜欢聆听一些美妙动听的世界名曲，而我最爱听到的声音，是爸爸的鼾声。

上个星期六，我在津津有味地看电视。因为我看的节目爸爸都不喜欢看，爸爸又无力向我抗争，所以只好在一旁躺着闭目养神。几分钟过去了，我听到了我非常不愿听到的声音，那就是——爸爸的鼾声。

爸爸的鼾声越来越大，每隔几分钟还停顿一下，接着又雷声轰鸣般地响了起来，差点儿都盖过了电视的声音。真是受不了！我转过头很不耐烦，准备把爸爸叫醒。可是，就在我转身的一刹那，我看到了爸爸脸上有苍老的皱纹，头上也隐约能看到几根白头发。曾经年轻帅气的爸爸，怎么一下子老了这么多？

我想，一定是爸爸这几年来工作太辛苦了。有时候很晚才回家，即使回到家，还要辅导我和弟弟学习。前几天，家住老家的奶奶生病了，爸爸又赶回老家跑前跑后地陪奶奶看病买药，一连几天都没有休息好！爸爸一定是太累太累了，这才打起了瞌睡。

想到这，我鼻子一酸，情不自禁地把电视关起来了，静静地听着爸爸的鼾声。突然，我觉得爸爸的鼾声不再让我厌烦，反而就像钢琴曲《献给爱丽丝》那般悦耳而又动听。

明白爸爸的劳累，感受爸爸的善良之后，爸爸的鼾声就是世界上最悦耳动听的乐曲。

修　锁　记

王　辉

我家防盗锁出问题了。几天来，就连钥匙都要费九牛二虎之力才能插进去，有时还转不动，让我们一家人头都大了。

早上，妈妈嘱咐爸爸叫人修锁，爸爸却一声不吭。看来，他又嫌麻烦了。他啊，就这样，最怕家里的事儿烦他，不管家里有什么事

儿，他都是能拖就拖，能赖就赖。可他这态度，一定会惹妈妈生气的。怎么办?

我灵机一动，忽然想到了一个人："不用，不用，找舅舅呗！"爸爸听了，正合他的心意，一拍大腿，连声应和道："对，你舅舅是这方面的专家呀！"

不等老妈反对，我立刻就给舅舅打起电话来。正巧舅舅不忙，答应马上过来。看来，家里的"世界大战"爆发不了了。

不到半个钟头，舅舅就到了。一进门，爸爸就绕弯子解释。舅舅也是明白人，冲爸爸摆了摆手，开门见山地说："不用解释，喊我来修锁是吧？"见舅舅这么说，我们连连点头，小鸡啄米一般。而且，我还不住地拍舅舅马屁，夸舅舅聪明。

舅舅从工具箱里取出螺丝刀，先把螺丝拧下来，再把后盖拿掉，接着取出锁芯，摆弄了几下，拿出油壶，往锁芯里捏了几下，几滴油滋润了一下，然后用钥匙转了几圈，把锁芯装回原处，最后按上锁盖，拧上螺丝。整个过程不过十分钟，看得我眼花缭乱。弄好后，舅舅瞅了爸爸一眼，自信地说："好了，你们试试。"我连忙用钥匙插入锁孔，一转，非常灵活！

"舅舅你真厉害！"我伸出大拇指。这句可不是拍马屁，而是心悦诚服——不到十分钟的工夫，就把我们的难题解决了，不愧是专家啊！

不停地转着门锁，我忽然想起一句话："不怕千招会，就怕一招熟。"

河蚌里的秘密

徐双蕾

放学后，我一到家，爸爸就兴奋地对我说："蕾蕾，快来看呀，奶奶在河蚌里发现了宝贝！"

我三步并作两步，来到厨房。水桶里，全是河蚌。奶奶蹲在一边，一手拿菜刀，一手抓河蚌，用刀刃沿着蚌壳切进去。刀刃慢慢深入，一股腥水从壳边流出，溢得满地都是。奶奶把蚌壳一分为二，露出白色的蚌肉，然后小心翼翼地将蚌肉拨开。奇迹出现了！蚌壳的最里层不规则地聚着大小不一的珍珠，洁白光亮。

我好奇地问："奶奶，河蚌里怎么会长珍珠呢？"

奶奶一边小心地剥珍珠，一边把头摇得像拨浪鼓似的："这个……我就不知道了，你还是打电话问土博士舅舅吧！"

我连忙拨通舅舅的手机："舅舅你好，我是蕾蕾，想请教您一个问题。"

"什么问题？"

"请问河蚌里的珍珠是如何形成的？"

"这个问题很有趣。一粒沙子偶然进入河蚌体内，刺激了河蚌，河蚌不断分泌珍珠质，把沙粒层层包裹住，时间久了，沙粒外面就越来越厚，慢慢就变成一粒粒珍珠。"

“那河蚌为人们做了一件好事，一定很快乐吧！”

“错！生成一颗珍珠需要三年至五年，河蚌忍受了漫长的痛苦，才孕育出鲜亮光泽的珍珠的……”

听了舅舅的解释，我终于明白了河蚌里的秘密，也突然悟出一个道理：那些成功者又何尝不是这样呢？

搬八仙桌

王彩懿

大年初五早晨，我和姐姐正在院子里跳绳，住在我家隔壁的王大伯来到了我家。原来王大伯今年没有回老家过年，今天想请亲戚吃饭图个热闹，可没有像样的桌子，于是就想到我家那张崭新的红木八仙桌。

“‘金乡邻，银亲眷’，王大哥，桌子尽管借去，我来帮你一起搬。”爸爸闻声赶忙从里屋走出来帮忙。我也停下跳绳，走过去说：“爸爸，你和王大伯先把四条长凳搬过去，我和姐姐来搬八仙桌。”

“好的，我家小懿真懂事。”

爸爸和王大伯每人两条长凳，轻轻松松地上肩一扛出了家门。我和姐姐来到厨房，把八仙桌上的东西整理完，用抹布擦干净，然后面对面地抬起八仙桌朝门口移动。到了门口，发现问题了：桌子四四方方的，门没那么宽，出不去。

“姐姐，你抬高点。”

“不行。”

“姐姐，你往左，我往右，试试。”

“还是不行。”

姐妹俩正在发愁时，爸爸从隔壁过来了。

“小懿，你们怎么还在门口？我等了你们好久了。”

“爸爸，快来帮忙，我们出不了门。”

“小事一桩，看我的。”

爸爸来到八仙桌旁，低头弯腰，侧身抬肩，八仙桌侧翻轻轻落在肩上，四脚腾空。爸爸的脚一边往后退，一边把八仙桌侧转，先把一侧的两只桌脚转出了门，随后又小心翼翼地把其他两只桌脚转出了门。转眼间，整个八仙桌出了门，爸爸一溜烟地朝王大伯家走去。

简直就像变魔术，我看得傻了眼。这时旁边的姐姐捅了我一下，我才如梦初醒。

想不到，搬八仙桌出门还有这么大的技巧啊！真是生活处处皆学问啊！

战 风 记

霍志杰

我忍，坚持就是胜利。

上学、放学总被它欺负，像缩头乌龟一样！我非常生气，为什么会有它？可这有什么办法，人人都惧之，抓不到，摸不着，奈无定风之技，但我是个任性之人，今天非要和它一决高下。放学路上我伸出暖乎乎的小手，“天哪，冷！”我不禁打了个寒战，加油啊，一定能行。让朔风来得更猛烈些吧，我拼命骑着脚踏车。如果现在就躲避，那将来呢？想象着在暖烘烘的火炉旁，多幸福，多舒服！可没用啊，理想很美满，现实很残酷。脸像被刀割一样疼，风呼呼地刮着，我气喘吁吁地向前冲。

看，那不是我那可爱的家吗？我终于忍够了，这就是天堂和地狱的差别吗？可我转念一想，那我今天不是甘拜下风吗？不行，我要忍。到家了，我的手变成菜市场的猪手，变得通红，我的脸也变成了“红富士苹果”，狗上来迎接我，我用手去摸摸，呀，没知觉了！难道我的手已经……不要啊！我年纪还那么轻，书没读完，电视没看，电脑还没玩过呢！

到吃晚饭时，我的手才缓过来了。小伙伴们，风真的惹不起啊！

人生没有捷径

王思钧

一分耕耘，一分收获；一分汗水，一分成功。

——题记

我曾听过这样一个故事：一群人背负着沉重的十字架在赶路，每个人都不堪重负，气喘吁吁。其中有个人感到越来越累，渐渐落在了后面，他便要起了小聪明，用锯子把十字架锯掉一段，便轻松多了，他越走越快，看着后面大汗淋漓的人群，心里不禁得意起来。得意之时，前方出现了一道峡谷，赶路的人纷纷将十字架架在峡谷之上，顺利翻越过去，而那个要小聪明的人，却因十字架长度不够而被留在了峡谷的另一边……

人生何尝不是这样？面对人世间的一切，你是否产生过投机取巧的心思？锯子的利齿随时乐意帮你卸下身上的重负，可这只能蒙混一时，考验你的峡谷可能就在不远处，可残缺的十字架却圆不了你到达彼岸的梦，甚至可能让你跌入万丈深渊。

生活中也不乏这样的现象：一些人为了谋取自己的利益，不惜去偷窃、抢劫……从而得到了一时的欢愉，可天网恢恢，疏而不漏，最终事情败露，锒铛入狱。还有些人为了谋求自己的权力，便使用一些损人利己的手段，最终获得了权势，这样的权势外表光鲜亮丽，可殊不知这样的权势只不过是贴了层亮纸片而已，火一烧就着，水一浸就软，迟早会从高高的座位上掉下来，被世人所唾弃。一些企业为了谋求自己的利润，以他人的健康为代价，生产劣质产品，以湛蓝的天空和清新的空气为代价，排放未经处理的污水废气，自以为可以瞒天过海，可群众的眼睛是雪亮的，作恶的人最终得到了他应有的惩罚。

我也曾有过投机取巧的经历，我学琴七年，今年终于要考十级了。在我学琴初期，凭着自己的小聪明顺利的考过了二级，三级，我认为考十级很简单，信誓旦旦和家人保证三年之内必考到十级。三年，四年，五年，我的愿望也没有实现，我想过放弃。直到有一天，导师的一句话惊醒了我："你需要的是一个过程，而不是一味去追求结果，你这样的态度不说你追求不到结果，哪怕走运追求到了，那样的结果你也不会珍惜，对于你来说证书不过是废纸一张！"从此，我一心扎在钢琴上。马上，我就要考了，不管结果如何，我依然会坦然相待，因为我努力了，我无悔！

人们常说："条条大路通罗马"，但我认为条条路都没有捷径可走，需要你一步一个脚印去走完。学琴如此，工作如此，人生更是如此！

眼前的道路也许坎坷曲折，可越过这些坎坷，也许你就能看到世外桃源般的景色。

"虫"

——由一则漫画得到的启示

王中阳

"虫"，这个字眼相信大家都毫不陌生。虫子有许多种，如小蜜蜂、小蚂蚁、小蝴蝶等。而今天我要介绍的虫，不是像蜻蜓蚂蚱那样的普通虫，也不是像蛔虫疟虫那样的寄生虫，这是一种寄居在人的脑子的"虫"，一种可以侵蚀人类的意识的"虫"。这"是"什么虫呢？让我们一起来看看吧！

在森林中，一个盗伐者看上了一棵郁郁葱葱的大树，心想："哇呜！这棵树如果砍下来，可以买不少钱呢！"于是，他挥起锋利的斧头向大树砍去。这可激怒了森林卫士——啄木鸟，它瞪大了眼睛，使劲地啄盗伐者的脑袋，一边啄一边生气地想：这段木头里一定有虫。

看了这则漫画，相信大家都知道了这种"虫"的名字了吧。没错，这种"虫"的名字叫做贪婪，也叫做自私。正是这种"虫子"驱动着人类，去为了眼前的利益而做那些破坏环境的事。如果一个人随意破坏环境而不计后果的话，那就是他脑子里面生“虫”了！

其实，脑子里面生“虫”的人不少。在他们的蹂躏下，地球开始呻吟，开始向人类发出警告！黄河断流、罗布泊干涸、塞特凯达斯瀑布枯竭,这些令人惋惜的事实，谁能说不与人类的贪得无厌相关呢？

“这段木头里一定有虫”，我们人类一定要把自己脑子里的虫给斩草除根，不能因为自己对金钱的欲望而冲昏了头脑，做破坏环境这样的竭泽而渔、不计后果的荒唐事！

不负人生

孔萍萍

玻璃杯里装满了石头，聪明的人会往里面装沙子；玻璃杯里装满了石头和沙子，聪明的人还会往里面加水。正如雨果所说：“再试一下，再努力一把，你就会走得更远，你就会感受得更多。在我们有限的生命里，让我们尽可能地延展我们的深度，扩展我们的宽度，不负我们生命的使命。”

满，只是一种概念，可理解为自满之意。放了石头就以为满了，其实还可以加沙子，加了沙子就以为满了，其实还可以加水。学无止境，知识就是一个圆，也许我们懂得了圆里的东西，但却往往忽略了圆外还有那么多知识值得我们去追求、去探索。因而，只有明白学无止境，我们才能用知识实现梦想，用读书寻找乐趣，用知识创造人生，这样，你的人生才会圆满。就像杯中装进些知识，还可以再装，只要有心，还可以有很多需要学习的东西的，我们绝对不能自满，一定要努力，不断地学习。

有时，这杯子也像一个人的时间。有些人总抱怨自己的时间太少了，想干的事情都无法完成。其实时间是可以挤出来的，做完主要的事情，还可以去做次要的事情，剩下的时间还可以去做一些零碎的事，时间永远不会空闲。当你能够与时间赛跑时，就一定会有很多意外的收获。我们需要警惕的，是时间不能轮回，莫要“黑发不知勤学早，白首方悔读书迟”。如果现在不好好学习，虚度光阴，将来当身边的人都有所成就时，自己也只能悲叹、悔恨了。

追赶时间的脚步，不忽略零星的时间，把握当下，努力学习，这样，我们才能不辜负自己的人生，才能创造属于自己的更加美好的人生。

秋夜猫啼

尚灿琪

一个深秋的晚上，夜黑风高，只有几架路灯闪烁着微弱的光芒。

突然，“喵，喵”的叫声在我的耳畔响起。细细聆听，原来，在一辆车底下，有一只小猫正在叫着。它一边叫一边跑来跑去，样子很急切，似乎在寻找着什么。

这只小猫全身雪白，在夜幕中格外显眼。琥珀色的眼睛好像闪着泪花，尾巴无力地耷拉在地上，十分疲惫。它大概是离开了母亲，正在找食物吧！见我蹲了下来，白猫无力地冲我叫着，用哀求的眼神望着我。

我同情地看了看它，并从袋中掏出一点儿“好多鱼”。它是鱼形状的，小猫应该感兴趣。我一边暗自思忖一边小心翼翼地将食物放在地上，“喵喵”地呼唤它过来。白猫有些恐惧地望望我，又小心谨慎地走向前，嗅了嗅，又舔了舔，却慢慢地退了回去。它无奈地望了我一眼，发出了一声“喵呜——”。这声音中，有几分痛苦，有几分恳切，还有几分……

我要保护它！强烈的保护弱小的愿望敲打着我的灵魂。于是慢慢来到小猫前，想抱住它，但小猫却逃似地后退了几步，躲进路旁的车底下，露出头来对我喵喵直叫。我不明白，它求助般地发出了哀啼，可又挣脱着我的怀抱，这是为什么？我又走向前，再想抱住小猫，可它又一次缩了进去。

我闭上眼睛，无可奈何地摇了摇头，心想：小猫这样拒绝我，加上爱干净的妈妈肯定会拒绝我把它带回家，还是算了吧。

狠了狠心，绕过它，准备离开。我一步三回头，却发现小猫早已消失在灌木丛中……

路上，那声哀啼仍回响在我的耳畔。莫非那声啼叫中还有什么我不懂的感情？是坚定、顽强，还是对人类的怀疑？或者两者兼而有之？这已成为了一个谜吧……

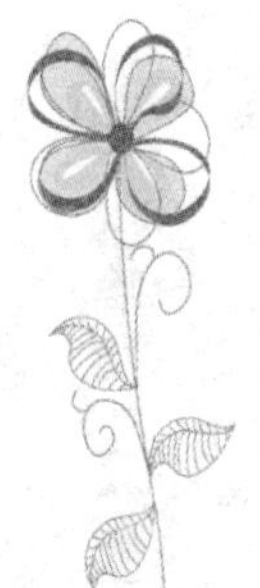

夜晚，躺在床上，窗外秋风强劲，树叶飒飒作响，屏息细听，似乎又听见了小白猫那哀求的啼叫……心中竟有一丝悔意，猫咪现在到底怎样了呢？

春

崔　勇

春天，美吗？

躺在方才抽出嫩芽的草地上，望着蓝蓝的天空中一片片可爱的白云，啊！春天，终究是来了！

并不是感叹，而是喜爱，因为春天是一个诗意盎然、如诗如画、五彩缤纷、花枝招展、娇嫩可爱、淡雅芬芳、温柔如水、含情脉脉、蜂喧蝶舞、树笑花闹的娇柔世界！这足以证明春天是多么有生命力！

“风乍起，吹起一池春水！”虽不记得这是谁的名句，但仍然能体会其中的意韵。瞧，柳絮飘起来了，柳枝漾起来了，花枝招展起来了，这都是春风的杰作！春风轻柔地亲吻着人间万物，如此的温馨，如此的单纯。春风是如此的有召唤力。春风吹绿了柳树，吹红了桃花，吹来了燕子，吹醒了青蛙！小草偷偷地从土里钻出来，嫩嫩的，绿绿的。真是“夜月一帘幽梦，春风十里柔情”！春风的故事你喜欢吗？

突然想起杜甫的名句，“随风潜入夜，润物细无声”。春雨是一首诗，春雨是一支交响乐，春雨是一幅画卷。在这柔和的、轻烟似的雨中，你注意到那位拿着大扫帚的老大爷吗？你注意到那在路上那赶去上课的老师吗？你注意到大雨天站在十字路口指挥交通的民警吗？

还有那个……雨中的一切，早与这早春的细雨融为一体了！“春雨贵如油！”是呀，雨中湿润的土地下面，花草树木都在舒展着根须，在春雨的沐浴下幸福成长！

花是春天的主角，五颜六色，花枝招展。“春色满园关不住，一枝红杏出墙来！”那红的、紫的、黄的、白的，尽显青春活力，都开始抽芽了，吟唱着春风的歌曲，怎能不被陶醉？

风在吹，雨在下，花在开！静静地，轻轻地，柔柔地。

春，真美！

那一阵雷阵雨

包若涵

那是一个星期日，我要去离家不远的地方上兴趣班。因看天气还挺好，并且妈妈要照顾弟弟，不方便接送我，我就向妈妈信誓旦旦地保证，要自己走着去上课，下课后再自己走回家。征得妈妈同意后，我信心满满地出发了。

去上课的路上一切顺利，但在回来时，天气却突然转变了。

老天爷真会捉弄人，我一从兴趣班出来，天上就开始淅淅沥沥地下起了小雨。我看雨并不大，便赶紧跑了起来，想在暴雨来临之前回到家。谁知，我越跑，雨下得越大。雨声从一开始的“滴答”变成了“哗啦”，其间还夹杂着阵阵雷声。完了，是雷阵雨！

雨越下越大，那声音活像一只正在嘶吼的野兽，张开血盆大口向我扑来；又像许多婴儿的哭声，肆无忌惮、毫无约束。我不由地加快了脚步。唉，手机没带，没法给妈妈打电话，妈妈也联系不上我，该怎么办呢？狂风在我的耳畔呼啸着，豆大的雨点不停打在我的身上、脸上，真疼啊！我的衣服也早已湿透了，粘在身上，十分难受。以前，下雨的时候，我最喜欢一个人趴在窗边，静静地聆听雨的歌声。可现在，我却已没闲情聆听，心里想的只有两个字：冲啊！

“哎，小姑娘，快过来避避吧！”突然，一个慈祥的声音穿过雨幕，在我的耳畔响起。原来是路边一位开报刊亭的老奶奶。她撑着伞小跑出来，伸出纤细而又有力的胳膊，一把把我拉进了店内。奶奶拿出毛巾，轻轻地帮我擦拭着那早已湿透的头发，边擦边喃喃细语：“唉，要是我的孙女还活着，也该这么大了吧……”原来是一位白发人送黑发人的老人，我的心不由地颤抖起来。奶奶借给我电话，让我跟妈妈联系。

在等妈妈来接我的时段，我和奶奶静静地坐在店内，看着一滴滴雨水，听着一阵阵雷声，聆听着这优美的雨之歌。如果说之前的雨声是凶恶咆哮，那现在的，就是温暖至极，美妙无比。这一刻，我的心，好暖，好暖……

春的音韵

阙如晨

咔咔，咔咔，这是什么声音？哦，原来是湖面上的冰裂了。

噗噗，噗噗，这是什么声音？哦，原来是花儿在开放了。

哗啦，哗啦，这是什么声音？哦，原来是小溪在跑步了。

唧唧喳，唧唧喳，这是什么声音？哦，原来是鸟儿们在歌唱了。

轰隆隆，轰隆隆，这是什么声音？哦，原来是春天的大钟敲响了。

……

这一切，都是春天的声音；这一切，都是大自然的声音。

大自然在向全世界宣告：冬天走了，春天来了。

金色的阳光洒在人们身上，人们舒活舒活筋骨，懒洋洋地说：“真舒服呀！”

滴答，滴答，滴答，又来了一场春雨。贵如油，细如针，春雨飘落大地，大地干裂的嘴唇重新红润起来了。

呱呱，呱呱，呱呱，青蛙结束了冬日的美梦，又跳出来帮助农民伯伯捉害虫了。

哈哈，哈哈，哈哈，小朋友奔出了家门，又开始了往常的撒欢儿了。

春天，多彩的春天，美丽的春天，终于来到了我们的身边。

桃花开了，杏花开了，梅花开了，梨花也开了，到处是花开的声音。大地成了一片花海，穿上了一件五颜六色的花裙。

浣熊出来了，乌龟出来了，刺猬出来了，花蛇也出来了，刹那间，世界变得热闹非凡。

咔嚓，咔嚓，咔嚓，这又是什么声音呢？哦，原来是游客们争着拍照呢。拍那让人向往的春天，拍那让人迷恋的春天。

调皮的雪

庄定媛

早晨，我刚刚洗漱完毕，只听见妈妈自言自语道："下雪了？好像真的下雪了！"我急忙奔了过去，朝窗外望了望：哎呀，真下了雪呢！我兴奋极了，心里盼着雪能越下越大，好放假去和朋友们一起玩雪，又盼着天气更冷一点儿，好让雪融化得慢些。

吃完早饭，我打着雨伞，哼着小调，快乐地去上学。来到街上，小雪花漫天飞舞着，好似一个个活泼可爱的小天使，淘气地跟我闹着玩；又好似一团团柔软的柳絮，轻柔地落在车顶上。到处都是雪，单调的冬景被小雪花装点得显出几分活泼，静谧的街道被小雪花装点得显出几分可爱。

这小雪花，是为了什么而来呢？也许是它看出孩子们是如此地盼望它，想念它了吧？你瞧，它和孩子们闹得多开心啊！小朋友们在街上找着雪，努力地将松软的白雪堆在一起，小心地用心捧起，触摸着那白雪，发出银铃般的笑声。树叶上积着一层雪，如同一只手捧着一片棉絮；墙头上积着一层雪，如同积上了一粒粒碎玉。无论大人怎么斥责，无论大人怎么呼唤，小孩子们都"粘"在雪旁边，流连忘返。

较大的孩子们不像小孩子那样调皮了，他们匆匆地来，匆匆地去，但眼神中依然有着抵制不住的喜悦。虽然他们的脚步是那么匆忙，但他们却依然在东张西望，好能多看一眼这难得见面的雪。

不仅是孩子们来找雪嬉戏，雪也来找孩子们玩耍。雪粒就像一群淘气的小精灵，它打在人们的雨伞上，打在人们的面颊上。淘气的雪也来找我玩，它们快活地落在我的衣服上，落在我的眼镜上。还有几位大胆的“雪精灵”，竟来亲吻我的脸颊。我舍不得拭去这些可爱的小精灵。那些落在我眼镜上的雪，最终化成了几滴小水珠；那些亲吻我的雪，冰凉冰凉的，一会儿，也悄然融化了。

可惜，到了上午第三节课时，雪就停了。我的心里空落落的，好像心被抽空了一般。雪啊雪，你为什么要走呢？是嫌这儿的孩子们在教室里读书，不来跟你玩儿吗？那，你什么时候再来呢？我等着你……

我与风景有个约会

不知不觉，夜晚来临了，黄山又换了一番情调，她静若处子，在黄山上看月色，还真不失浪漫呢！只见月儿娇羞地露出她的脸蛋，边上镶着几片羽毛般的闲云，美极了。间或看见几颗星星，那么清高、素雅地俯视人间，还骄傲地看着我，哇！恍然间，我感觉她们离我很近，仿佛一伸手就可以相握似的。周围朦朦胧胧的，似乎已和月色浑然一体，我深深地陶醉了。

抓大闸蟹

徐双蕾

俗话说：秋风起，蟹脚痒；菊花开，闻蟹来。这不，中秋节还没到，爸爸就开始忙碌起来了。

天色渐黑，爸爸穿上皮衣皮裤，戴上手套，拿着电筒，肩挑几只塑料桶，准备到蟹池上去捉大闸蟹。看着爸爸的装束，我非常好奇，就随同前去看个究竟。

养蟹的地方较偏僻，我深一脚浅一脚地跟着爸爸，沿着一条弯曲的泥土小路，向蟹池走去。此时，明月初出，秋风徐来，虫声四起，时高时低，时近时远，其声不一。不久，我俩到了蟹池，爸爸打开电筒，电筒光照在大闸蟹身上，大闸蟹乖乖的，一动也不动。

大闸蟹都是横七竖八地在围栏边爬，嘴里不停地吐着泡泡，背上好像镀了一层薄薄的泥水。当我们靠近围栏时，它们仿佛听到了脚步声，就张开大钳，张牙舞爪，好像在向我们示威呐喊。

爸爸让我照好电筒，他肩挎塑料桶，跨进围栏，边抓，边介绍：蕾蕾，你想抓它，还挺难的。捉大闸蟹虽然好玩，但是非常危险，被咬一口，肯定疼得你哇哇大叫。通常，当大闸蟹在桶里时，可以抓住它的背，但大闸蟹在地上时，是跑得很快的，你就得迅速地抓住它一侧的四只脚，小心大钳子，随即扔进桶里。

爸爸随着我的电筒光一路抓，一路走。非常熟练地把一只一只大闸蟹“捉拿归案”。这时，我的电筒光照到转弯地带，奇迹出现了，这里的大闸蟹特别多，一波接着一波，如广场上游行的队伍，浩浩荡荡地集结而来，场面非常壮观。这下可苦了爸爸，他连个落脚的地方也找不到，勉强蹒跚地走完一圈，装大闸蟹的桶就换了三四个。爸爸看看桶已装满，微笑地说：“蕾蕾，我们打道回府。”

秋日田野，天朗气清。稻黄若金，棉白如雪。蟹农做工于蟹池，其状甚忙。然收获颇丰，虽忙亦乐也。

撒 丝 网

李欣恒

星期六，我便和老爸商量着星期日早上去撒丝网捉鱼，老爸满口答应了。

当然，我们先得做一些准备工作。我先跑到街上买了一条丝网，把明天要用的水桶，细长的竹竿准备好。万事俱备，只欠东风了！

盼啊盼，终于等到了星期日。一大早，我就从床上一骨碌爬起来，拿起事先准备好的工具和老爸急匆匆地出了门。

不一会儿，我们就到了小河边。河岸边垂柳依依，河面上碧波荡漾。可我们没心思欣赏这些。到这儿来，是为了捉鱼的。

我和老爸小心地把丝网的一头系在竹竿顶端，再慢慢地把系上丝网的竹竿伸向河中央。丝网随着竹竿慢慢地移到河中心，漂浮在河面上，随着水波时而下沉，时而上浮，犹如在河中架起了一张无形的墙。我拿起一块砖头压住丝网的另一头，蹲在岸边静静地等待鱼儿。过了好长时间，河中央出现一群小鱼儿，一会儿向左游，一会儿向右游。我心中暗喜，屏住呼吸，生怕惊动了鱼儿。鱼儿却不知前面有丝网，头猛地扎上去，鱼鳍卡在网眼里动弹不得，任凭它使劲地挣扎也无济于事，丝网的浮子也剧烈地抖动起来。我高兴极，赶紧收网，把卡在网眼上的鱼儿一一取下，放在水桶里，真是大收获啊！老爸的脸上自然也露出了满意的微笑。

过后我把丝网捋顺，和刚才一样放在河中等待鱼儿触网。可正在这时，一条机帆船欢畅地驶过来，河面泛起了波浪，浪头拍打着堤岸，我的鞋子也被打湿了。丝网在波浪中不停地扭动，水草、塑料瓶等杂物也不断地涌向丝网，丝网承受不住杂物的侵扰，终于扭在一起。我费了九牛二虎之力才把丝网拖上了岸，再一瞧，那可就惨了，丝网上全是塑料袋等垃圾，皱成一团乱麻，有的地方还有几个大小不等的窟窿。“唉！”我不由地叹了口气，心疼地拎着麻花一样的丝网，只好垂头丧气地和老爸收工回家。

回去的路上我在心里想：假如我们不往河道里面乱扔垃圾，那该多好啊！

打 水 漂

万子祥

今天放学，我和胡斌经过学校旁边的池塘时，看见一个小男孩

正在打水漂。只见他拉足了架势，用尽了全身力气，却只打出两个水漂。

“唉！这打的是什么水漂！”胡斌故作深沉地感叹道。

“要不你试试。”知道胡斌也打不了几个，我故意刺激他。

“这嘛，”他轻描淡写地吹道，“三岁就会打了，一打最少十个。”说完捡起一片瓦片，大喝一声：“看我的。”用力将手中的瓦片水平地扔向水面。

可能是他用力过猛吧，瓦片刚一接触水面就弹了起来，而且弹得很高。所以第二漂飞起来时，瓦片开始倾斜了，在一个“凌空飞跃”过后，“咚”的一声扎进了水底，再也不肯出来了。水面上只留下三个涟漪在慢慢扩散。刚才还趾高气扬的胡斌，顿时泄了气儿。

“你怎么也只打三个漂？”我笑嘻嘻地说，“害我憋足了劲儿，等着给你鼓掌呢！”

“再来一次，我再来一次！”胡斌难为情地嚷嚷着，“刚才纯粹是失误！失误懂吗？”

没料到第二块瓦片更惨！一出手就直接一头扎进了水底，逗得我哈哈大笑。

好久没打过了，在原有的低水平上，估计我会“又下一层楼”了。不过难得有兴趣，我便也拿起一片瓦片，试着打了一个。结果同样很不理想，用胡斌的成果来比较才勉强及格——刚刚两个。当然，胡斌也没饶过我，赶紧趁机会刺激我一下：“咱俩都是一个级别的，‘漂不过三’嘛。”

正在我俩嘻嘻哈哈互相打击对方的时候，语文老师走了过来，吓得我们一下子停住了话头。可没想到的是，语文老师也喜欢玩，可能是看见我俩玩也有点技痒，找点理由也打一下水漂吧。他抓起一块瓦片，笑着对我们说：“你俩那叫打水漂？你俩那叫扔砖头。看我打一个给你们瞧瞧。”

只听“嗖”的一声，老师手里的瓦片箭一般飞向水面。紧接着就一连串的“啪啪”声。可不是吹的，只见那瓦片像只开足马力的小气艇一样在水面游动着，带起了一连串的圆圈，足足有二三十下，一直漂到塘中间才恋恋不舍地沉下去。真是神了！

我和胡斌吃惊地瞪大了眼睛。我想，我和胡斌那双瞪大的眼睛里，当时肯定充满了羡慕之情。唉，不得不佩服，老师就是老师，不但知识比我们丰富，连玩都比我们在行。

放 风 筝

赵俊宇

今天，阳光明媚，和风习习，特别适合放风筝。爸爸妈妈决定带我到公园放风筝，我开心极了！

来到公园，放风筝的人可真多啊！这不，天上正飘着各式各样、千奇百怪的风筝呢！有霸气的老鹰，有美丽的凤凰，还有一节一节特别长的蜈蚣等等，热闹极了！

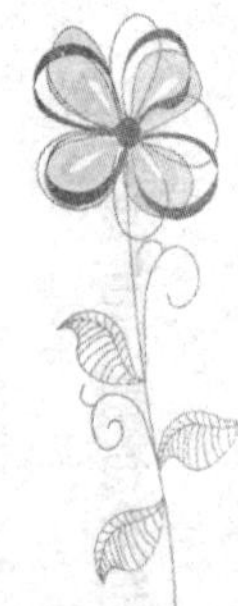

我的心禁不住痒痒起来，赶紧将我们的风筝从包里拿了出来。装上骨架，系上风筝线，一只漂亮的蝴蝶风筝就出现在了眼前。

我们开始放风筝了！我拿着风筝线远远地站着，妈妈拿起风筝用力往上一抛，大声喊道：“跑！”听到妈妈的喊叫声，我便撒开脚丫迎着风，顺着那条小路飞奔起来。线绷得紧紧的，我跑得飞快，甚至能听到耳边“呼呼”的风声。跑了一段路后，我回头瞄了一眼，风筝已经升上半空了。

停下了脚步，我用手一动一动地牵着风筝绳，紧一下、松一下，再紧一下、松一下，风筝便在空中越飞越高，似乎要飞到云彩上了。这时的天空是那样绚丽多彩，有着很多很多风筝在翩翩起舞，而每一根风筝线下，都有一个和我一样快乐的孩子。他们有的在飞快地跑着，想让风筝升上天空；有的在原地站着，手一松一紧，想让风筝稳在天空；还有的和我一样快活地喊着叫着，为自己的风筝加油助威……

不知不觉中，太阳慢慢西斜，光线也渐渐暗了下来。太阳快要下山了，我们也该回家了。我依依不舍地收回了风筝，心想，爸爸妈妈什么时候还能再带我来放风筝呢？

我与风景有个约会

后美龄

早就想去看看黄山，今年暑假，我终于如愿以偿。

云雾迷蒙，怪石嶙峋，处处充满着神秘感，这就是我印象中的黄山。它以怪石、云海、温泉、奇松四绝闻名于世。黄山上无石不松，无松不奇，奇峰怪石，煞是壮观。

初到黄山，远望去，黄山好像一位羞涩的小姑娘，头戴银钗，身披绿装，脚穿绣花鞋。那蓬蓬勃勃的各色野花，尽情地开放，让你感觉热闹非凡。黄山特别高，一座座挺拔的山峰直插云霄，像一根根擎天柱。顺着石阶，向上登，可以看见许多松树生长在悬崖峭壁间，盘根错节，苍翠挺拔，那千姿百态，让你不由得赞叹它生命力的顽强！

最引人注目的是山腰上的那棵迎客松，似乎在欢迎远道而来的客人。你看它弯枝伸条，多像一位绅士！山上有条小溪，你看溪水多么清澈！登上了山顶，举目远眺，发现白云就在我的脚下飘悠。刹那间，我仿佛置身于仙境，成了仙子，腾云驾雾，悠然来去。

不知不觉，夜晚来临了，黄山又换了一番情调，她静若处子，在黄山上看月色，还真不失浪漫呢！只见月儿娇羞地露出她的脸蛋，边上镶着几片羽毛般的闲云，美极了。间或看见几颗星星，那么清高、素雅地俯视人间，还骄傲地看着我，哇！恍然间，我感觉她们离我很近，仿佛一伸手就可以相握似的。周围朦朦胧胧的，似乎已和月色浑然一体，我深深地陶醉了。

在茫茫的夜色中，我恋恋不舍地与月亮作个告别，此时此刻才真正明白“黄山归来不看岳”的含义。黄山正是以它的神奇、美丽，博得了人们的青睐，它的美将永远留在我的心中。

我想，也许几年后，我还会再赴黄山之约。

梦里宏村

汤梦雪

被誉为“桃花源里人家”的宏村，是明清古代民居中的一座古村落，它以优美迷人的自然风光、保存完好的古村落形态、工艺精湛的

徽派民居和丰富多彩的历史文化内涵而闻名天下。

这一去，眼见为实，宏村果然名不虚传。

宏村是一座“牛形村”，整个村庄从高处看，宛如一头斜卧山前溪边的牛。

村旁的山就是“牛头”,微风吹来绿意荡漾。

村口有两棵大树，一棵是银杏树,一棵是红杨树，这是村中的“牛角”，树龄有五百年之久。树旁的小树很多，显得两棵大树鹤立鸡群了。按照村里的习俗，村中老人辞世，寿棺要绕银杏树三周，寓意高福、高寿，子孙满堂。而红杨树是预示着新人百年好合、洪福齐天。

村中有个天然泉水汇集成的半月形池塘，叫月沼，明清时代建造，称为“牛胃”。人们常说“水至清则无鱼”，可在宏村月沼里，却有许多小鱼在清澈的水里面嬉戏玩闹。我真想捧起一把水，感受一下它的清凉、它的美好。可我没有，我不忍心打扰这美好的画卷。

一条四百余米长的溪水流进各家各户，盘绕在“牛腹”内，被称为“牛肠”。汩汩的溪水清澈见底，调节了气温，美化了环境，创造了一种“浣衣勿去月沼边，家家门前有清泉”的好环境。

“牛腹”内两层的民居最多，以白墙灰瓦为主要特征。承志堂是其中最为宏大，精美的代表作。堂前有一处天井；前厅有八仙桌；后厅就是主人侍奉长辈的地方，每根柱子的基石上都刻有“寿”字，还刻了有关孝敬长辈的木雕；后厅是当时的娱乐场所，有花园、书房、池塘等。承志堂的木雕堪称一绝，大多层次繁复，人物众多，更有些是那做工精细的双面镂空雕刻。这些木雕表面涂有金粉，看起来雍容华贵，因而，雕梁画栋做工最为精细的承志堂，也被人们誉为“民间故宫”。

村西的溪水上架起了四座木桥，作为“牛脚”。

宏村被称为“中国画里的乡村”。可我不觉得这是画里的，而是梦里的。

宏村，真令人心旷神怡，魂萦梦牵！

大漠风声

华之超

今年暑假，我们一家三口到中国西部旅行。

话说这天，我们一早出发，去敦煌鸣沙山看日出。来到鸣沙山脚下，大地笼罩在黑暗之中，星星在空中闪烁，虫儿在草丛里轻轻鸣唱。这是黎明前最黑暗的时刻。

看日出，要到鸣沙山顶。我们骑骆驼上山。骆驼静静地趴在地上，我轻手轻脚地爬上骆驼背，生怕惹恼了它。赶驼人一声令下，骆驼便默默起立，缓缓沿山道前行。

天色渐亮，几百头骆驼在连绵的沙山上组成了一支驼队，一眼望不到头。这时，一阵风呼啸着从身旁吹过，卷起阵阵风沙，发出“呼呼”的响声。风刮过驼队，顿时，驼铃“叮叮当当”的响声不绝于耳。

听着这凌厉的风声，听着这浑厚的驼铃声，我突然想起古代出使西域的使者。当年他们走在同样的路上，也曾听过同样的声响吧？凛冽的风，仿佛是从很远很远的地方呼啸而来，好像带来了古代丝绸之路的气息，它抚摸过从古至今走在这沙漠上的每一个人的脸庞。它见过这路上的种种艰辛，也看过这路上曾经的繁华。时间带走了过往的

一切，而这风声却依旧。这竟是从古代到现代的悲壮之音！它磨炼着我们每一个人的意志。也是这种声音激励着一代代人，让我们从挫折中找到勇气和信念，奋勇向前！

这次旅行很快结束了，但这大漠中的风声却让我记忆犹新。也是这个声音激励着我勇往直前，迎难而上，永不退缩！

大漠风声，使我领略到大漠特有的坚强风采，感悟到了人类不畏艰难的永恒信念。

游上海野生动物园

俞玉希

放学一进门，爸爸说明天要去上海野生动物园游玩。我欢呼起来：“万岁！万岁！”

听爸爸说，上海野生动物园里的一些动物是放养的，我一整夜没有入睡，又期盼，又兴奋。

早晨天刚蒙蒙亮，我们一家人就自驾出发，经过一路的颠簸，总算到达了上海野生动物园。刚进入动物园，一大群白鸽掠过天空，划出了一道道美丽的弧线，好像欢迎来自远方的我们。

吸引我眼球的是“冬天里的一把火”——火烈鸟。它们有的全身都是红色的，有的都是橙色的，还有的翅膀都是红色的，其他部位是橙色的。远远望去，像一团熊熊燃烧的火焰。仔细端详，它们的腿细细的长长的，身子是椭圆形的，走起路来像优雅的小姐，又像大腹便便的企鹅。我盯住了一只长得胖胖的火烈鸟，拿出早已准备好的豆干，抓起一把扔向它，可没等它回过神来，却引来了一大群火烈鸟，它们个个争抢着，生怕慢一拍食物就没了似的，引得大家哈哈大笑。

时近中午，我们加快脚步来到了狐猴岛，想看看节尾狐猴过得怎么样？在门口就听到小猴们欢快的叫声。我迫不及待地跑了进去，只见一只只节尾狐猴在树丛中窜来窜去。它们长着两圈黑眼圈，珍珠似的眼睛，圆溜溜的脑袋。不过最有趣的还是它们的尾巴，白黑相间，毛茸茸的。一只小猴子在树枝上停留着，温情地看着我，我轻轻地走过去，抚摸了一下荡下来的尾巴，它撒娇似的叫了一声，窜到另一棵树上去了。

这一天，我们还看了凶猛的老虎，憨厚的熊猫，奔腾的骏马，它们都自由自在的生活在这里，成了一道美丽的风景线。

第一次恶作剧

苏立豪

哎，那一次真傻。

以前，最喜欢看的动画片就是《喜羊羊与灰太狼》，因为这部动画片最好看的就是——恶作剧！所以，我决定也要干一出“惊天地、泣鬼神”的恶作剧。

于是，我在家开启了“寻宝模式”。

“咦？这是什么？”一番折腾之后，我找到了一支“牙膏”，可是又比一般的牙膏小得多，估计最多只能涂个小缝吧。对了，看看有多少，我得找个钥匙孔涂涂。自家的不敢涂，我就跑到了邻居家门口，准备拿他家的钥匙也试试。

正准备下“黑手”的时候，突然有人走了过来，我立马装出若无其事的样子，东看看、西瞧瞧，假装在找什么东西。等那个人走远了，我就“见机行凶”了。

使劲地挤，伴随着“噗”的一声响，一坨黏乎乎的液体便进了门把手旁的钥匙孔里。看着我的“杰作”，我的心里既紧张又激动。

傍晚，爸爸妈妈下班回来后，全家人便聚在一起吃饭。正吃着呢，忽然听到了一阵急促的敲门声，着了火一般急促。我立刻有了一种不祥的预感，便以迅雷不及掩耳之势冲进房间，把门反锁了起来。

“你家小兔崽子往我钥匙孔里涂了胶水，害我回不了家了！”只听见屋外对门那老奶奶扯着嗓子喊道。躲在房间里，这时我才知道害怕了。

屋外，折腾半天后，老爸也拿那把锁没办法，只好打电话请开锁师傅把锁给换了。

一切弄好后，爸爸使劲敲我的房门，但我就是不开门。“你干吗往人家钥匙孔里涂胶水啊！”爸爸吼道。“啊？胶水？我还以为是牙膏呢！”天知道，那居然是传说中的胶水！

不用说，爸爸原来答应我的遥控汽车，肯定又泡汤了。而且，害我到今天，看到邻居老奶奶都挺不好意思。

哎，那一次我可真傻！

我来洗衣服

高明珠

“你都十二岁了，还不自己洗衣服啊！我比你小那会儿什么都自己弄！”今天，当我把一大堆臭烘烘的衣服递给妈妈时，妈妈火了，“整天就知道淘，将衣服淘成这样，苍蝇都嫌弃！我是不会帮你洗的，你自己解决。都这么大个人了！”

妈妈发了一通火，转过身化妆去了。没办法，只能自己动手洗了。

不过，并不感觉烦。平时妈妈洗衣服时，盆子里有那么多泡泡，想捞哪个就捞哪个，多好玩啊。

我拿了那个最大最大的盆子，“呼噜呼噜”放了一盆子水。然后，将搓衣板往水里一放，那些水花调皮地溅到了我身上。我不管那么多，一心只想快洗好衣服去看电视。

现在，该放洗衣粉了。我把洗衣粉往盆子里倒，明明倒进去很多，可是一点儿泡沫都没有。真是奇怪了！我便继续倒着，最后，将一袋洗衣粉全倒光了，心里还想着：难道是洗衣粉失效了？可是洗衣粉是前不久刚买的呀！妈妈昨天洗衣服的时候还没失效啊！妈妈平时倒一点洗衣粉就有许多泡沫！

不管了，就这样吧！我不管三七二十一把衣服往盆子里一丢，开

始洗了起来。

左揉揉，右搓搓，我忙得不亦乐乎。别说，水不冷不热，掌握的正好，搓衣板架的也挺不错，一点都不晃荡。我越洗越起劲儿，根本没意识泡沫越来越多，已经慢慢顺着手臂爬上来，占据了我胸前的一大片地方。

妈妈化完妆来到了卫生间，看见我正在“大闹天宫”，哭笑不得。当看到我那些“洗好”的衣服，更是哭笑不得——衣服上尽是泡沫。

“真不能怪我，我都漂洗了十几盆水了。”看到妈妈那哭笑不得的神情，我连忙解释道。

“我的小老子耶！以后怎么搞都不会让你洗衣服了！”妈妈无可奈何地嚷嚷道。而我，却开心地笑了！

成长的礼物

王　皓

掉牙是一件平常的事，可是我第一次掉牙时却被吓得泪流满面。

我小时候，最喜欢吃糖，而且不喜欢刷牙。正是因为这样，我一张嘴，总会露出“大黑牙”。妈妈在我长出“大黑牙”后，就把糖果放到了冰箱顶上。我个子很矮，拿不到。于是，冰箱顶成了我心中的大山，糖果就是山顶。

终于有一天，我忍不住嘴馋，拿来椅子“增高”，才到了山顶。

妈妈回来，见我在吃糖果，就对我说："你吃太多糖果牙齿会跑下来的。""我才不信呢！糖果那么好吃，牙齿才不会跑呢！"我满不在乎地回答道。"不信算了。不过，到时候牙齿跑了你可别后悔！"见我不信，妈妈丢下了这句话。而我心里想着：糖果那么甜，牙齿才舍不得跑呢！

可是，好景不长，我的牙齿真的"跑"了下来。我拿着掉下来的那颗牙，哭得稀里哗啦的。我看不到自己的样子，如果能看到，我相信当时一定脸上跟一只大花猫一样。

我边哭边跑到妈妈面前："妈……妈妈，我……我的牙齿……跑下来了。""看吧，我就说嘛，这样吃糖果牙齿迟早会跑下来的。"妈妈一边给我擦泪，一边埋怨我道。

"妈妈，牙……牙齿会不会……会不会回去呢？"我害怕地问妈妈。妈妈笑了，轻轻对我说："只要你以后少吃糖果，多刷牙，牙齿就会回去的。"

"真的？"我半信半疑。而妈妈肯定地回答道："那当然了。你把牙齿给我，我帮你保管，要不丢了它就真不会回去了。"

"好啊！"听了妈妈的话，我破涕为笑。

从此，我每天早晚各刷一次牙，尽量控制着自己不吃糖果。果然，不久后牙齿又回来了……

现在，我长大了，知道掉牙的原因了。但我并不怪妈妈当时骗了我，因为，正是妈妈那善意的谎言，才使我现在能有一口健康漂亮的牙齿。

难看的面皮

甘红豆

家务活中，擀面皮最好玩。可我是个小孩子，又有姐姐当“撑工”，所以这个活儿总轮不到我。每当我抢着滑溜溜的擀面杖跃跃欲试时，妈妈总说：“呆一边去。”我不服气地争辩：“擀面皮谁不会？”“豆豆，看花容易，绣花难呀。下次让你试试。”

为了祝贺姐姐进厂工作，今晚，我家包饺子吃，我一蹦三尺高，机会总算来了，我可以亲手擀面皮了。

爸爸把桌子清理干净，从储存面粉的缸中舀出面粉，加水，和揉，反复按压，再到劲道十足。开始擀，擀面杖一尺来长，是一根粗细匀称的木杆，打磨得滑溜溜的。爸爸迅速地滚动着擀面杖，灵巧地转着面皮子，很快一张张中间厚、边缘薄的面皮飞了出来。随后包饺子的“流水线”开始运行：姐姐端上满满的一碗肉馅，妈妈麻利地捏出了一个个“大肚子”的饺子，似模子里浇注一般，齐赞赞盘在筛子里。我自信地从爸爸手中抢过擀面杖，匆忙去擀，一上来笨手笨脚，不得要领，擀出来的面皮这张太厚，那张太薄，这里缺一角，那里有个窟窿。妈妈笑，全家笑。妈妈说：“豆豆，这回知道，看花容易，绣花难了吧。”

爸爸拿过擀面杖，一边示范一边讲解，左手压扁面皮，右手紧跟着擀，擀时不能超过面皮的一半，否则会中间薄，边缘厚，两手还要协调配合。我照着爸爸示范的方法去做，一手按，一手擀，在节奏紧密的“嗒嗒”声里，擀杖似变魔术般瞬间擀出一张中间厚，边缘薄的面皮。果然比刚才强多了。我越擀越熟练了。擀出的面皮，每一张都是圆圆的，中间厚，边缘薄。耶，我成功了！站在一旁的姐姐，为我鼓掌，爸妈也开心地笑了。

从那以后，无论做什么事，我时刻牢记妈妈说的话：“看花容易，绣花难。”

“玩蛋”变“完蛋”

朱子骏

“啊！完蛋了，我的蛋碎了！”

昨晚妈妈帮我煮了好几个鸡蛋，煮熟后让我挑选。我挑了个硕大平滑的鸡蛋，希望它能助我一臂之力赢得冠军。

选好鸡蛋后开始美容了。画些什么呢？要不画一张笑脸吧。不好。那画什么呢？于是我情不自禁地试着在鸡蛋上画了起来，结果画得乱七八糟的，就像鸡蛋长了无数个青春痘，明明是美容鸡蛋，结果毁容了。管它呢，反正又不影响鸡蛋的质量。

可是悲剧在中午发生了。我本来把鸡蛋放在口袋里的，为了随时可以玩一下，我就把它放进了课桌里。等我知道这样放不对时，已经来不及了——就在我伸手把书本从课桌拿出来时，一不小心碰到了鸡

蛋，鸡蛋随着书本拖出从课桌里滚落了下来，重重地摔在地上。随着一声清脆的蛋壳破裂声，我脑子一片空白。时间仿佛静止了，周围一切的事物，包括我的小心脏的跳动都停顿了。不过只停顿了0.01秒。而就在这0.01秒钟，我的大脑在飞快地运转着，我知道，我的鸡蛋不保了。我俯下身子把鸡蛋拿起来，我的手指隐隐约约摸到了碎壳。唉，这下可好了。玩蛋变完蛋了！

下午的斗蛋比赛，经过海选、初赛、半决赛、总决赛这几个关卡，最后的赢家是我的同桌吴陶冉。老师奖励了她一个鸡蛋，大家都羡慕极了！

唉！只可惜我那“英年早逝”，还没上“战场”就“牺牲”了的鸡蛋！要不然……

乐 翻 天

李之怡

“哈哈，哈哈” 快来看呀。我们班都快乐翻天了。

原来，李老师正在上乐翻天游戏课，可好玩了。李老师在黑板上写了时间、地点、人物、表情、事情，请二十五个同学分成五组，每组分别在纸条上写有关词语，然后随便抽五张纸条，组成搞笑的句子。

第一句就让我们笑得受不了：3月5日，光头强在动物园的厕所里，喜笑颜开地游泳。哈哈哈……我笑得用手捂着肚皮：“光头强太狠了，居然在那么小的马桶里游泳，而且喜笑颜开的，我的妈妈咪呀，太搞笑了。”

我们一组抽到的是爱因斯坦、金灿灿、愁眉苦脸，这三个词怎么搞笑啊？我们真的愁眉苦脸！就在这时古灵精怪的顾逸飞脱口秀：“爱因斯坦蹲在金灿灿的屎坑上愁眉苦脸，因为他没带手纸！”刚说完，同学们仰天大笑起来，李老师也偷偷地笑。

最后上台的是“搞笑王”朱子俊，他不紧不慢地说：“我上身穿着比基尼，下身穿着丁字裤去湖里游泳，不过忘带了游泳圈，差点淹死，别人都说我是神经病！”话音刚落，全班沸腾。有的笑得喘不过气，有的奋力拍打着桌子，有的不停地跺脚，还有的直接从椅子上笑滑了下去，干脆抱着肚子倒在地上笑。李老师竖起大拇指，一边为他们点赞，一边不停地说：“少儿不宜，少儿不宜。”

怎么样？开心吧，搞笑吧？下一次，你们也可以这样乐翻天，笑翻天。

斗蛋比赛

吴陶冉

今天是立夏，我们班举行了斗蛋大赛。冠军有机会获得老师提供的奖品一份呢！

时间定为下午，可是同学们在课间迫不及待地开始了战斗。你看，计同学拿着他的鸭蛋冲许同学的草鸡蛋发起了挑战。双方两眼紧闭，耳朵竖得像兔子一样，过了一会儿，才敢睁开眼睛。你一定会以

为许同学的小草鸡蛋输了吧！呵呵，它赢了！浓缩的才是“精华”。真的不敢相信没鸭蛋一半大的草鸡蛋竟然把鸭蛋秒杀了，真是天下之大无奇不有……

好不容易等到了下午，同学们早已跃跃欲试了。李老师满面春风地走进了教室，用他那清脆而响亮的声音拉开了比赛的帷幕。

我的对手是外号“维尼熊”的龚同学。我拿出我的心肝儿——鹅蛋。龚同学一看大吼一声：“好大一枚蛋啊！不行，你要让我先攻击六下，才显得比赛公平。”我爽快地答应了。

龚同学手握鸭蛋，目光紧盯着我的蛋。我的心怦怦直跳，害怕我的“心肝儿”承受不了他的撞击而碎裂。这枚鹅蛋，是奶奶从她那养鹅的亲戚家千挑万选来的，可得要给我和奶奶争点气啊！

龚同学要开始攻击了，只见他紧紧地握着蛋，深深地吸着气。我的心提到了嗓子眼，不敢见这样的场景，只得闭上眼默默地祈祷，“孙悟空啊，大地啊，河水啊，苍天啊……”只听“咔嚓”一声响，我心里一惊：是我的蛋破了？如果在第一关就被刷下来，那多没有面子呀！等我悄悄睁开眼，一眼就见到龚同学正拉长着脸，心痛地抚摸着上面多了两三条“伤疤”的鸭蛋呢！嘻嘻，我胜利了！

又经历了几次挑战后，我终于进入了决赛。没想到，我的对手居然也是一枚鹅蛋，实力相当啊！我想胜败在此一击了，便鼓起勇气用力地朝对方的蛋碰去。令我大跌眼镜的是，对方居然这样不堪一击，很利索地“阵亡”了。就这样，我成了冠军，真是意外啊！

一路“过五关，斩六将”，我的心肝儿竟然毫发未伤。下课了，同学们纷纷涌过来问我：为什么你的蛋那么牛？我一五一十地把原因告诉了他们，因为我的蛋是亲戚家散养在田间的大白鹅生的蛋，大白鹅吃的是野生的螺蛳和小虫，所以鹅蛋的外壳无比坚硬，赛过石头。

谢谢我的好奶奶给了我一个纯天然的绿色食品——鹅蛋，让我赢了这场比赛，我非常高兴。

撕“民”牌

李 倩

那是一场厮杀，一场搏斗，一场人与人之间的较量……

看！我们连课间十分钟都不放过，几个小伙伴来到目的地，马上分组开始PK 。五个女生PK三个男生，从阵势上来看，我们占绝对优势，可心里还是十五只吊桶打水——七上八下。

PK开始了，我们几个弱女子，背紧贴在墙上。对面呢？三个男生，摆出一副盛气凌人不可一世的架势。钱奕怡首发。“钱奕怡，加油，加油！”我们挥动双拳，摇旗呐喊。钱奕怡气势汹汹，迈着沉稳的步伐，靠近他们，真让我刮目相看：“亲，棒棒哒，你是我的女神，挺你！”谁知，我话音刚落，她转头逃回了“老巢”。

这样一直僵持着也不是事儿啊！我们几个不做“缩头乌龟”了。“老大”讲了“作战策略”：分组出动，逐个击破。

我和我的“女神”去缠住敌方的一员猛将——小强。“我们和你说说话呗！”“女神”先套近乎，分散注意力。“少废话！”小强竟然不吃这招，猛得扑上来，粗鲁地抱住我的“女神”，眼睛直盯着“民”牌，咬牙切齿，眼睛瞪得铜铃大，仿佛要喷出熊熊烈火来灼伤“女神”。“女神”使出吃奶的劲，腾出手向小强背后一抓，哇！“女神”摸到“民”牌了！周围的人都屏住了呼吸，等着幸福来敲门。可是小强一下子也抓住了“女神”的“民”牌，情况十分危急。还好“女神”身体敏捷，猛一转身，小强没有撕到“女神”的“民”牌，而“女神”却撕下了小强的“民”牌。只听见“广播员”说：“小强OUT”。

另一边呢？“老大”带着其余的人，插着腰，瞪着眼，把两个男生逼得直往后退，梁雨识时务，脚下抹油，弃王辉于不顾，逃之夭夭。可想而知，王辉，OUT！

我们几个继续搜捕“猎物”——梁雨。“哈哈，螳螂捕蝉，黄雀在后啊！”我们几个摩拳擦掌，向梁雨逼近。“嘿，嘿，嘿”梁雨耍着少林功，向我们示威。我们几个合围而攻之，说时迟，那时快。我以迅雷不及掩耳之势一个擒拿，心“嘭嘭”直跳，成败在此一举，“嘶嘶”， 梁雨的“民”牌被我撕了，那声音，清脆悦耳，好听极了！我手举“民”牌尖叫着，狂奔着。男生队“全军覆没”。

“哈哈哈，撕‘民’牌，我们赢啦！”“我们是名副其实的明星！”声音湮没了上课的铃声。

乡下的家常饭

陈　灵

一日三餐，不可缺少。乡下的家常饭，各有各的香味，各有各的特点，这不，美好的一天从早餐开始了。

早饭相对来说比较简单，以粥、馒头、菜为主。粥主要是米粥或是南瓜粥或是红薯粥，根据时节，粥的内容也不同。在农村，现在也是经常买馒头了，但也有很多人自己蒸馒头吃，自己蒸的馒头有嚼头，又非常的筋道。有的人家喜欢烙饼吃，再炒些菜，配上一碗粥，早饭也是很充实了。

中午，是一天当中最重要的一顿饭了，但在我们乡下，主要以面条为主。面条又会分为很多种类，汤面条、蒸面条、捞面条、粉浆面条、茄子面……这些依然是根据季节的变化而变化着。夏天捞面条占着主要的位置。夏季很热，吃什么都觉得热，面条出锅，凉水沥出，可捣些蒜汁，放入醋和香油加以调味儿，如果再配上些芝麻酱，一碗清凉爽口的捞面条下肚，这才是一天中最惬意的时刻。如果想吃些更美味的，那就烹炒一盆西红柿鸡蛋臊子浇在上面，不用吃，想一想，就流口水了。

如果家里来了客人，可能会用蒸面条来招待，买些肉和豆芽，面条先蒸上，这边肉和豆芽翻炒着，面条熟了，肉熟了，放在一起拌匀，再蒸上几分钟，待菜味儿入了面条，就可以吃了。如果这时候想再吃些花样，可在蒸面条里放入孜然，花椒粉、辣椒油，那种美味充实着舌尖的味蕾。这样一来，蒸面条就又是另一番美味了。秋天，粉浆面条多些，因为花生成熟了，可以用打浆机打些花生作汤，一锅热乎乎的粉浆面条香了整个秋季。

晚餐，和早餐差不多，仍然是各种粥和馒头，配上时令的菜，春夏各种米粥，秋冬南瓜和红薯交替，热乎乎的滋味，驱散着一天的疲劳。

一日三餐，乡下的家常饭都有着各自的特色。也许它比不过都市的奢华，却以它最朴实的营养，丰富着乡下人家的餐桌，充实着乡下人家的情怀。

妯娌鸭血粉丝汤

吴椏琪

鸭血粉丝汤，我久闻大名。一听到它，就满口生津；一看到它，就会馋得“口水直流三千尺”。

那天，我和妈妈在街上闲逛，逛着逛着肚子唱起了“空城计”。我忍耐不住了，就满街找好吃的。突然，我眼前一亮，一个招牌出现在眼前：妯娌鸭血粉丝汤。心里一阵狂喜，赶紧拽住妈妈：“就这家，就这家。”没等妈妈说话，我拉起她就往店里冲。

进了店，我们找了个座位，回头一看，一位师傅刚好在做鸭血粉丝汤。只见那师傅面前烧着两口大锅，一口在熬汤，汤里有鸭血和豆腐泡，另一口在烧水。两口大锅的旁边，还有七八样瓶瓶罐罐，里面有煮熟切碎的鸭肠、鸭肝及香菜等佐料。旁边还有一大筐泡好的粉丝。师傅先用勺子轻轻舀起一勺汤，倒在一个碗里，然后抓起一把粉丝丢在沸水中滚了两下，用一个竹漏勺下水一捞，高高堆在碗的上方，稍一倾斜，粉丝就扭扭摆摆全进了碗里。师傅熟练地用指尖在几个瓶瓶罐罐里一一捏了点鸭肠、鸭肝撒在碗里，最后星星点点的撒了些香菜。

两大碗鸭血粉丝汤端了上来。我一看，绿油油的香菜、金黄色的豆腐泡、肉色的鸭肠、土色的鸭肝，再挑上点儿红红的辣椒酱，光是这五颜六色就已让人胃口大开，还有那半透明的粉丝在各种佐料间“来回穿梭”，褐色的鸭血像小舟似的在汤里“荡漾”……

我忍不住了，拿起筷子，夹起一大筷粉丝就往嘴里送。粉丝顺着我的嘴角“嗖”地滑了进去。呀，真香！

不过几分钟，那碗鸭血粉丝汤便被我吃了个底朝天。就是今天回味起来，那香味依然好像在我鼻子前呢！

端午的粽子

崔之勇

在我们家乡，端午节有吃粽子的习俗。

端午节那天，奶奶大清早就把粽叶和红枣红豆洗好，妈妈把米泡好，爸爸则在一旁剪绳子，供捆扎粽子用。我和弟弟当然插不上手。

开始裹粽子了，只见奶奶熟练地拿起两片又长又宽又绿的大粽叶，卷成一个喇叭形，又用勺子舀米和红豆放入粽叶内，用筷子轻轻在里面捣着，好让粽子更板实一点儿，最后放入几颗红枣，包包裹裹，一个尖尖的粽子就包好了。看着奶奶那灵活的手法，我入迷了，想自己也动手试试，可一想自己平时那样笨手笨脚，裹出来的粽子一定很丑很丑，就只能悄悄将这愿望埋在了心底。我可不想别人笑话。

一会儿工夫，奶奶就裹了好几个粽子，我就在想，等粽子煮好后，这白白胖胖的米粒一定会稠稠的，香香的；这漂漂亮亮的大红枣和红豆一定软软的，滑滑的；也一定会溢着一股粽叶的清香味儿呢！

想着想着，我的口水就要流出来了。

终于，在大家的齐心协力下，粽子全部裹好了，就等下锅了。奶奶不慌不忙地把粽子放入锅中，用锅盖盖好。奶奶说还要等到傍晚时分才能出锅食用呢。我和弟弟只能安下心来等待。可这时间为什么会过得这么慢呢？当家里就弥漫着粽子的香味时，我和弟弟急切地问奶奶："奶奶，能不能吃了？""还早着呢，慢慢地等。"奶奶不急不慢地回答道，"能吃时会叫你们的。"

傍晚时分，奶奶宣布可以吃粽子了，我和弟弟就飞奔去厨房。顾不上烫，一人从锅里捞起一个滚烫的粽子，在妈妈的帮助下，拉开绳，将筷子插入粽子内，再一层一层的剥下粽叶。哇，好漂亮的粽子啊！一粒粒雪白的大米粘在一起，一颗颗红豆镶在里面，还有两三颗红枣嵌在尾部，好像是玉琢磨出的，我都舍不得下口了。

弟弟可不管这么些。看他那样子，如果不是太烫，准会一口吞下整个粽子的。你看他，先闻一闻粽香，再蘸一些白糖，然后再递进口中咬上一口，边"丝丝"地吸着气，还半眯着眼睛，好惬意的样子。

爸爸突然问我："孩子，你有没有裹粽子呀？""没有。"我有点沮丧，"爸爸，我不会包！"我想，如果自己也能亲手裹一裹粽子，那眼前这粽子会更香甜的。"下次裹粽子，自己试着包一包吧！"爸爸仿佛看出了我的心思，鼓励我道，"想动手试试就别怕别人笑话。"听了爸爸的话，我使劲点了点头。

下次家里冉裹粽子时，我一定要亲手试试裹粽子。

围巾　豆浆　我的妈妈

宋雨薇

早晨，寒风在窗外阴森森地唱着歌，唱得我一点儿出门的勇气都没有。咬咬牙，在再不走就要迟到的节点上，百般不情愿的我，背着书包往楼下冲——一来好暖和点儿，二来再不快跑就真要迟到了。

刚冲到楼道口，背后传来一声呼唤。“小雨，快把围巾系上，外面冷！”回头一看，是妈妈。妈妈鞋都没来得及换，就那样趿踏着家里常穿的拖鞋，手里抓着我的围巾。真难以想象，她居然能够跑得这么快。

我站定，妈妈迎上前来，轻柔地替我系上围巾。全身立即暖和了许多，不仅因为多了条围巾，更因为围巾中那妈妈的温度。

“嗯，下次跑慢点，再急也得系围巾。”妈妈满意地看了看她才系好的围巾，拍拍我脑门，“上学去吧，注意安全！”

我转身继续向学校走去。走出几步，回头一看，妈妈依然站在那儿，正望着我呢。就知道她会这样傻傻地看着我。

我挥挥手，妈妈也挥挥手，然后才转身上楼去。我知道，如果我不回头，我亲爱的妈妈一定会站到看不见我时为止。她转身上楼，只不过是不想让我担心她，哪怕这种担心，她可以一天无数次地给予我。她可以说时时担心着我，却不肯她的孩子为她有一点点的担心。

上六年级以来，由于担心我体能消耗太大，营养跟不上，妈妈搬回了一台豆浆机。每天晚上，她都会精心淘洗好黄豆，泡上，好在第二天早上能让我喝上一杯热热的、足够营养的豆浆。

清晨五点半，大多数日子我还在睡“回笼觉”，妈妈就蹑手蹑脚地起床了。等我六点起床，刷牙漱口洗脸时，妈妈已经在滤浆了。而等我在豆浆的香味里晨读完后，热腾腾的早餐早已备好，在桌上静静地等我了。

我也曾提议过，到小吃店里吃早餐，好让妈妈能多睡上一会儿。我知道，冬日早晨的睡眠对每个人来说，都是一种极强的诱惑。但妈妈不肯，她宁愿每天早起，只为我可以喝上那热热的豆浆。

妈妈做的豆浆，的确很香甜，很美味，常引得我贪婪地喝上一大碗。我也习惯性地要求妈妈与我一道喝。这时，妈妈是不会推辞的，也盛上一碗，与我一道香香地喝着。妈妈当然知道我的小心眼里藏着什么样的想法，她知道我想要她喝上一碗，好让自己的内心不必太过于歉意——我的小心思，她当然一眼可以看穿。

妈妈，就是这样温暖而慈爱地关心着我，这样体贴而用心地照料着我。没有什么可以表达我对我亲爱的妈妈的感激，那就给妈妈吟诗一句吧——“谁言寸草心，报得三春晖”！

五彩班级

胡嘉惠

我们六年级一班在这小小的学校可出名了！最聪明的同学在我们班，最文静的同学在我们班，最傻气可爱的同学在我们班，最调皮淘气的同学也在我们班……只有你说不出的类型，没有在我们班找不到的类型！

最文静的人就不用说了，非我们的“老班”茅文庆莫属。刚好她的小名就叫“文静”。

除了在课堂上每次回答问题时积极以外，茅文庆从来都不闹多大动静——在课间就看看书，写写作业，要不就是画会儿画儿，从不和同学打打闹闹。即使同学犯了错误，她也只是用眼睛注视着对方，从不大声训斥。说也奇怪，见到她那温和的眼神，调皮的、爱犯错的同学们却都像羊羔一样温顺，束手就擒，立刻去对自己的错误进行弥补。

所以，她是我们班公认的最文静的人了。

最调皮淘气的人，全校没有一个人不知道他，那就是外号叫“程小跳”的程新明了。

程新明一点儿茅文庆身上的文静细胞都没有，只会疯呀、玩呀、闹呀，和《淘气包马小跳》中的马小跳几乎就是双胞胎。除了老班，他是天不怕地不怕。只有你想不出来的玩法，没有他没玩过的玩法。一下课，他就领着他的一班虾兵蟹将冲冲杀杀。中午时，避开老班的眼，他就可以上树掏鸟，下河摸鱼。为了他，老班不知烦了多少神，劳了多少心。

当然，他也有他的好处。班上大扫除时，洗拖把、擦窗户、冲厕所，他总是忙得不亦乐乎。同学的自行车链条掉了，叫上他，三下五除二就搞定。看来，咱班也少不了他。

本人嘛，当然也有与众不同的地方，那就是——最擅长的是笑。在我们班，音量最大、时间最长的笑声，一定是我发出的。我想，这大概和我那没心没肺的性格有关吧。

心情好时，我会微笑；稍一激动就会哈哈大笑；就连难过时我的脸上都挂着笑——苦笑而已。如果你一推开我们教室的门，见到一个满脸笑容的女孩，那一定就是我了。

我们班还有“白豆腐”王邦祥、“林妹妹”胡斌……如果你来到我们这个可爱的五彩班级，也一定会和我一样喜欢上它的。

5+5+5=550?

李婧婧

上课了，我们规规矩矩地坐在位子上，等待老师上课。

老师一进门，那眼神，总觉得不对劲，似乎又有什么鬼点子。

想是迟，那时快。老师“唰唰唰”在黑板上写上“智力大考验”

五个大字。随后，又写出一道题：5＋5＋5=550；要求：任意加一笔，使左右等式成立。我们看了，百思不得其解。下面的同学议论纷纷，“天呐，这怎么可能。打死我也不可能相信。”

只有5分钟时间了，此时班级里气氛紧张了起来。有的同学用笔杆敲打自己的脑袋，各位大哥大姐们，答案可不是用笔杆敲就能解决的呀！不痛吗？有的直接不接招，管它三七二十一呢，在旁边捣乱，故意打乱别人的思绪。而我同桌呢？贼眉鼠眼的，一直往辉哥的草稿本上“盯”着，辉哥一动笔，就把脖子伸得老长老长。“哼，老张，你下辈子记得当长颈鹿啊，脖子都能伸这么长了。”我故意打趣他。他到好，一点也不觉得害臊，反而回了我一句：“多亏李姐提醒，我正有此意。”

时间到。许明星、陈俊强、李昕三位数学尖子威风凛凛地拿着自家的“战利品”上台了。老师看了一下星哥答案：“很遗憾，错误！该降为民星。”又摸了摸他的头，说：“脑袋瓜蛮聪明的，只不过，并不是这个答案。”听老师这样一夸奖，瞬间“民星”便又成了“明星”，趾高气扬地走了回来。后面那个打不死的“小强”，手舞足蹈，好像胜券在握的样子，李老师一看，嘴角露出了微笑：“恭喜……”还没等老师说完，“小强”就摆了一个胜利的姿势。“恭喜你，答错了！”我们听了，哈哈大笑起来。昕弟猴精，一看苗头不对，扭头偷偷自己溜下去了，一点儿机会都不给李老师。

还好，老师终于大发慈悲，又多给了两分钟。“哎，该不会我们全军覆没吧！”就在最后几秒钟，侯钰卿悄悄举起了手，“希望之光”在向我们招手。果然，侯钰卿答对了。当侯钰卿把答案公布时，小伙伴们都惊呆了。

想知道答案吗？其实，只要在“＋”号上加上一笔，“＋”号奇迹般变成了“4”。算式也立即变成：545＋5=550，左右等式完全成立。

看来我们的智商真亏了，得赶紧回家吃核桃补一补了！

感谢遇见

洪武翀

围棋比赛，输了两盘，如霜打的茄子，呆呆地坐在台阶上。

很茫然，心里像堵满了什么，酸酸的，又如冰雪般刺心。深秋的风从楼梯口的窗户吹进来，无声无息地吹着我那飘忽不定的倒影。头发乱了，如那棋子在棋盘上滑过的弧度。终于，塞满了的心，一下子畅通，“嗖”的一下，被水流冲走。泪，掉了下来，“滴答”又沉浸在尘埃中，留下一丝印迹。

窗前的枯叶，星星点点，随风飘落，没有一个人注视着我，大部分人散了。这就是现实吧，几家欢乐几家愁。这就是注定的结局吧，我询问内心，没有回音。

一张餐巾纸递了过来，我接过纸嘟哝了一声：“谢谢”。泪，便停止了。我顿了顿，抬起头，看到了一张熟悉又被我排斥的脸——那个只赢了我半目的人。

看着我落寞的神态，他不以为然地笑了笑，拍拍我的肩，用那看似什么都能看得开的口吻说：“没事，不就是段位没拿到嘛，放轻松点。想当年，我以‘一死再死’的宝贵精神，一口气连打了三次比赛，才打上来，而这次只赢了你半目。”

我瞥了他一眼，把脸偏向了窗外。

“我们班上最厉害的就是我了，这说明什么呀，你想想？”

我沉默不语。

“这说明除了我，你已经胜了许多人。你这个年龄，打三段，很不错了。走吧，打会儿乒乓球去。”说完，朝我做了个鬼脸，还扬言，“你肯定没我打得好，要不试试看？”说完就递了一只拍子给我，直奔球桌。

听他如此一说，激发了我的斗志，心里多了几分再战的勇气，掀掉烦恼，一溜烟小跑过去。在一次次的挥拍中，我和他亦敌亦友，不知不觉中，竟然配合默契，球在我俩之间画出一道道优美的弧线。

当广播里报到最后一场比赛即将开始时，他给我做了一个加油的手势，我俩互相对望了一眼，摆摆手，各自奔向了赛场……

这最后一场很轻松，赢了对手。一出教室，只想告诉他这个好消息，可早已不见其踪影。

离开赛场，来到窗前的那株银杏旁，一抬头，那满树金黄的叶片层层叠叠地交织在一起，如同一树蝴蝶，几只慢悠悠地飘落，铺盖在大地上。

遇见亦师亦友的他，仿佛是老天的一次神奇安排。闭上眼睛，风声真好，草味真好；眺望远方，天空真好，云朵真好……

心生万相，怎样的内心就会有怎样的世界。感谢遇见，心中雾霾已消散，内心驻满阳光，一切便都安好。

“铁面无私”的好姐妹

张美龄

今天的午自习，老师要开会，就让我们自己背背课文。

老师走后，我便去组长嘉惠那儿去背第五课的内容。虽然感觉自己背的不太顺畅，但想着嘉惠是我的好姐妹，便求着她给我打颗星（老师规定背的好的给打颗星，达到五颗星可是有奖励的）。没料到好长时间的软磨硬泡都不见效，她就是不给打。一气之下，我就把书留在那里，自己回位置上去了。

不一会儿，嘉惠过来了。她赔着笑脸，双手捧着书，装作很恭敬的样子对我说：“郡主，这是皇上赐给您的天书。”

尽管看着她那滑稽的样子感到好笑，但我还是决定暂时不原谅她——太不给面子了，亏得还是好姐妹！

见我没理她，她又装出一副很惶恐的样子：“郡主饶了我吧。我可不敢白收下皇上赐您的天书。”接着，她凑到我耳边，装作很神秘地样子说：“要不，咱俩私下商量商量，二十两银子卖给我行吗？”

实在绷不住，我笑了起来。

“要不给您加点儿，十两也行呀。”

更受不了了！我已经笑得前俯后仰了。

“还要加？那五两吧，不能再多了。”她装出一副咬牙切齿的样子。

“哼！把我当傻瓜？十两能比二十两多？五两能比十两多？”我边笑边说：“好啊，那把银子拿来！”抬头一看，嘉惠早已溜得无影无踪了。

这时，围了好几个“坏家伙”上来，纷纷叫道：“郡主，您喝茶吗？”“郡主，我给您捶捶背好吗？”“郡主，您消消气，我替您收拾她一顿。”得了，有这班宝贝上场，看样子我打到星的想法又落空了。

不过这样也好，多了好多的仆人。

不能没有你

多少个微凉的早晨，我沐浴着晨曦，与朝阳共读；多少个温暖的午后，我享受着阳光，与蓝天共读；多少个清朗的夜晚，我感受着月光，与星星共读。这一切，只是因为，在我心中，你占有不可或缺的位置。

不能没有你。因为你伴我成长，一路与我同行，是我最好的旅伴。

不能没有你

陶　涛

午后的阳光透过玻璃窗，洒在我的书桌上，氤氲出一片金黄。我看了看静静躺在桌上的你，心里漾开了一朵小小的浪花。我能感受到你在我心中的分量，我清楚地知道，我不能没有你。不能！

我出生几个月后就认识了你。每个夜晚，爸爸捧着你坐在我的摇篮边，读着一个个或生动有趣或清新优美的故事。屋里流淌着爸爸的声音，伴着优雅的音乐。我当时听不懂，但我本能地认识到，爸爸手里捧着的你有多么美好，不然，为何爸爸那样庄重地捧着？

我们就这样相识并很快熟络了。

当我识字后，我的小手捧起了你。我如饥似渴地读啊读啊，终于证实了以往的直觉——你确实很美好，让我看到你就感到快乐。你使我这个顽童可以不哭不闹，进入到一个奇幻而使人流连的世界，成了我小小世界中重要的一员。

我上小学了，愈发依赖你了。紧张的学习中是你支撑起了我的精神世界。我做作业以外的课余时间，全都在陪着你。我发现我有了“图书信赖症”，看不到你我就不开心。老师常夸我的阅读水平比同学们高，我知道，那都是因为我对你的迷恋带来的。

你一直主宰着我的情感世界。我为夏洛的离世而哭闹过，为方鸿渐的失意而叹息过，为生死不渝的“木石姻缘”而唏嘘过……我也为安妮的成功而开怀过，为桑桑的恶作剧而捧腹过，为悟空的机灵幽默、八戒的呆笨憨厚而喷饭过……我的情感总被你左右。但我愿意，愿意被你这样主宰着，去经历我生活中没经历过的太多情感。

而当我不经意接触到古文后，我又深深被这种古老的文体所吸引，常惊叹于他的言简意赅。文言文中，区区几字便能将意境描摹得淋漓尽致，当我投入唐诗时，常惊叹于他的荡气回肠：太白的磅礴，子美的愁绪……当我投入宋词时，常惊叹于他的语调多变：李易安的缠绵悱恻，苏东坡的大气凛然……

多少个微凉的早晨，我沐浴着晨曦，与朝阳共读；多少个温暖的午后，我享受着阳光，与蓝天共读；多少个清朗的夜晚，我感受着月光，与星星共读。这一切，只是因为，在我心中，你占有不可或缺的位置。

不能没有你。因为你伴我成长，一路与我同行，是我最好的旅伴。

看看仍静静躺在桌上的你，我的心里再次漾开那温暖的感觉，嘴角，也一定荡漾着小小的微笑吧。

书的世界很精彩

杨千寻

我走进图书馆，深呼吸，慢慢地走到书架前，抽出一本散发着油墨香味的书。

四周，似乎是安静的，但是书的世界里，却热闹无比。

我静静地看着那本书，认真地读着，沉浸在那曲折的故事中。我轻轻地翻着页，生怕惊扰了其他人。书页发出轻微的摩擦声，“嚓嚓！”“嚓嚓！”声音很小，却能听出我的激动，能听出我对下一页的期待。忽然，我翻书的声音变得沉重了，缓慢了，因为我读到了书中悲伤的故事，我很难过；过了一会儿，我翻书的声音又忽然清脆起来，带着如释重负的感觉，原来是主人公逢凶化吉了！

“咯咯咯！”一个五六岁的小姑娘，睁着天真无邪的大眼睛，正在专注地看着一本图画书，时不时发出几声清脆的笑。“哗！”“哗！”“哗！”小姑娘一页页地看着，不漏掉一页。她看得仔仔细细，似乎这本书是她的知识宝库，要好好阅读呢！她的翻书的动作是慢悠悠的，伴着“哗哗”的响声，很认真，好像是小孩子好听的笑声。那本书，一定为有这样的读者而自豪吧！“哗哗！”一浪推一浪，结结实实，一点儿也不漏。

“沙沙沙！”那边，传来急切的翻书声。一位头发花白的老教授，正在阅读着一本厚厚的物理书。他快速地翻着，快速地浏览着。忽然，沙沙声停了下来，原来是教授找到了需要的那一页。他停下来，细细地阅读，紧皱的眉头渐渐舒展。

认真阅读吧！对于每一个人来说，书中都会有美好而精彩的世界！

好书如灯

曾函予

书本在某些人眼中，是会说话的，比如我。

拿到一本书，读着，突然传来一声怒吼："谁来与我张翼德一决死战？"呵，这是心灵聆听而得的声音啊。书本上，只是黑色的线条形成的字，却勾勒出一场场出生入死的惊险。我往往就穿梭于这样的历险之间。

时而，我会被缕缕古典韵味笼罩，古琴声从纸上跃起，一位男子的声音响起："十年生死两茫茫，不思量，自难忘。千里孤坟，无处话凄凉……"苏轼吟着诗从月下走过，我听见他思念亡妻时的低语，略带颤音，飘然而去。

不经意间，安妮的轻语响起："昨天是彼得的十六岁生日……"这个二战时的德国女孩，躲在密室里，心里多么寂寞。我听见她清泉样的声音，喃喃的细语，我分享她的烦恼，悲伤和喜悦，我闯入了她的世界……

几年的风风雨雨，多少次心灵的奇遇和冒险，我聆听了几百种声音，尖尖细细的，爽朗豪迈的；含糊搞笑的，清晰直白的；欢快欣喜的，悲痛欲绝的……在这聆听和对话中，我抛去了寂寞。有那么多朋友陪伴，我为何孤单？他们用一句句话语浇灌了哲理的花蕾，展开了我幻想的宏图；他们教会我知识，讲述着童年的无忧无虑。只要聆听到这些声音，无论他们存在何处，我们的距离都只是薄薄的一层纸，甚至更近。每个故事都是一个旅程，旅程的车票是幻想，我迈入旅程，成了和他们一样的人，同欢笑，共苦恼。

会说话的书，给我点亮了一盏灯。我提着灯，踏上人生之路。

百读不厌

王邦辉

有些日子里，总有人告诉我，有些文章写得很不错，但就是没有心思去看第二遍了。但是也有人告诉我，一些好的作品自己可以看好几遍。我不禁思考，这是为什么呢？为什么一些好的作品，有的人没心思去重读它，而有些人却百读不厌呢？这是文章本身的问题，还是因为所读之人不同呢？

“书读百遍其义自见”，这是出自《三国志》的经典佳句，想来也是，一些经典佳句看起来似乎简短，没有多少内涵，但是多读几遍，熟读、读透，你不禁觉得这句话意味深长，内涵深远。粗浅的阅读只会让你错过一种体会，一种做人的感受，因为好的文章往往蕴含着一种人生哲理。

“百读不厌”往往是针对那些对书爱不释手的人的，这是评价一个人对书的理解，对书的热爱。热爱生活、热爱好书之人，他们觉得自己过得津津有味，不为生活而烦恼。每当捧起一本书，能反复地读，能仔细地读，这是多么舒坦的事呀！书是人类精神的依托，“百读不厌”者的精神定是高尚的，百折不屈的。

经典图书给人知识，教给人怎样做人，其中还包含了历史、文化、音乐、修养等方面的问题，从中我们可以多方面了解生活之百态、历史之百态。《红楼梦》正是这样的代表作，反复地思考，反复地研究，可以发现这本书中所包含的“五谷杂粮”，是有意义，有思想价值、有文化价值的。《红楼梦》给人带来的不仅是那凄凄惨惨的爱情，更是一本封建社会的伦理、官位、文学、医学、美学、建筑学、管理学和工商学的百科全书。

苏东坡曾经说：“旧书不厌百回读，熟读深思子自知。”这里旧书指的是经典，对应了上文所说的“书读百遍其义自见”。但是我更认为这里有着“温故而知新”的含义，一本有意义的书，我们多次的看，便能发现一些新东西，一些与从前大不一样的知识含义，更是开拓了我们视野，增长了我们的见识。“熟读深思”正恰好体现出了对于读书的方法，而结果呢？“子自知！”也许只有顺其自然，自己晓得吧！

你可能会对我说，自己真的不喜欢读书，也不可能“百读不厌”。那我可以告诉你，这世上总有你自己的人生，那么这世上也就有一本适合你的书，当你真正地觉得书就是你的人生的话，那么就尝试着体味人生，体味书，让你的精神融入书中。放开你的胸怀，去接受它吧！

“百读不厌”，“百读”的是人生，“不厌”的是生活。

徜徉在农家书屋

胡雯慧

我们村有一座“农家书屋”。

这座“农家书屋”是最近一两年才建起来的，里面有很多很多的书，管理图书室的胡爷爷说，厚厚薄薄有一千多册书呢。虽然学校也有图书室，但我更爱这个“农家书屋”。

走进农家书屋，里面人很多，大多数是老人和孩子。看看，那边不是我爷爷吗？戴副老花镜，专心致志地看着书。不用说，有时结结巴巴说给我听的故事都是在这里面看到的。其实，他说的故事我早就在这里看到了，但我不告诉他。因为我希望他能继续看下去。

以往的爷爷可不这样，他最喜欢的是麻将。为这，奶奶不知与他闹了多少次别扭——倒不是心疼钱，而是心疼他那身体。整夜整夜地咳嗽还熬夜打麻将，换谁都不会同意的。但闹归闹，过一段时间爷爷又会坐在麻将桌边。也难怪，除了打麻将、看电视，还能有什么呢？

后来，书屋开放时，胡爷爷上我家生拉硬拽，硬是将爷爷拖到书屋，结果他就迷上看书了。天天来这儿，有时看看书，有时到外面与胡爷爷说说话，成半个管理员了。

而对于我来说，这更是一个让我迷恋的地方。学校有图书室，但只外借，不能在里面阅读，更要命的是，放学之后一个人孤零零地看书，总感觉有点寂寞。没有小伙伴，没有可以教我的人，没有那种在一起阅读的快乐，也常常让我读着读着就迷糊了。而自从有了这个书屋，放学后我第一时间冲进里面，与小伙伴们一道做作业，不懂的问题还可以问问胡爷爷。要知道，胡爷爷可是退休教师哟。做完作业，便选自己喜欢的书读一读，虽然比家里独自一人声音要嘈杂一些，我却喜欢这样的环境，这样，没有爸爸妈妈在身边的日子，因为有了小伙伴们，有了这些书，有了共同阅读而变得更加的丰富。要不然，多半的日子我做完作业便会满村跑的。告诉你一个秘密，在没有书屋的时候，我甚至跟在爷爷后面学会了打麻将呢。虽然并没真的打过。

徜徉在书屋的日子，是那么充实、丰富、快乐，这就是“文化惠民”给农村人带来的最大幸福!

成长，在实验学校

庄定媛

我是一名转学生。在三年前，我从一所农村学校转到了芜湖县实验学校。

实验学校的校园很美，有一座袖珍式的花园，有假山、垂柳、草地、雕塑，还有一条碧绿的小溪。炎热的夏季，坐在里面休息，别提有多惬意了。可就是这样美丽的环境，我的内心却是忐忑不安的，因为，我不知道我将有什么样的同学。

来到漂亮的教学楼前，踏进三（3）班时，看着眼前那陌生的教室，看着那一张张陌生的面孔，我心中那种不安更加强烈：要是同学们不愿意接纳我，我该怎么办？要是我适应不了这儿的学习环境，我该怎么办？要是……

怀着这份忐忑，我成为三（3）班的一名普通的学生。很快我发现，自己的担心是多余的。同桌汪贵峰很乐意地为我做这做那，同学们也都很乐意地邀请我参加他们的游戏。而且，因为我的年龄比较小，他们还总是给我各种“优待”，让我尽快适应新的生活，融入新的集体。就这样，我慢慢熟悉了新的同学，交上了很多新的朋友。

随着年级的升高，我的朋友逐渐多了起来，最终，我有了很多特别要好的朋友。而其中最要好的，莫过于小燕了。

我与小燕相处得非常愉快，她的热情感染着我，让我感觉她是那样的善良、可爱。于是，我们成了一对形影不离的好姐妹。甚至班上的同学都有所“嫉妒”地说：“这两个人，合穿一条裤子都嫌肥。”

有一天，我与她下课玩“盲童捉人”的游戏。我当“盲童”，闭着眼睛到处乱走，想捉住小燕。可小燕很机灵，怎么捉也捉不住。“声东击西”的办法，她一眼可以看穿；“欲擒故纵”的策略，她也并不上当。我不知道如何是好了，便到处乱跑一气，内心也逐渐焦躁起来。我想：“要不，把眼睛稍微睁开一下，就睁开一下，看清她现在大概的方位就好。她大概不会发现吧。”

于是，我偷偷地睁开了眼睛。谁知，小燕就悄无声息地站在我面前呢，一下就发现了。小燕说道：“庄欣雨，你睁开眼睛了！”我支吾道：“没，没有啊！”僵持了几秒钟，小燕说道：“算了，睁了就睁了吧，不怪你，是这规则有些苛刻，下次我们换个游戏玩吧。”我听了，心中又羞愧又自责：我怎么能欺骗好朋友呢？自己应该坦白才对啊！

从这件事中，我学会了许多许多……

还记得上学期，我和小燕在学校订了杂志，杂志的发票可以用来兑换小玩具。那是一个星期四的下午，我和小燕从学校南门回家，顺便去兑换点兑换一下小玩具。由于小燕说她没带发票，于是我用自己的发票帮她兑了个玩具，想安慰安慰她。可是刚走出兑换点几步后，她让我等等她，又跑回去了。我还以为她丢什么在兑换点了，想了想也跟了上去。谁知，只见她从书包里拿出自己的发票，去兑了个玩具放进了书包。

路上，我以为她会提起这件事，但她却提也不提。我心里生气极了，心想小燕怎么可以像这样呢？虽然这样做占了些便宜，却玷污了我们之间友谊的纯洁啊！

到家后，本来想打电话责问她的，但细想想，她是个善良的女孩，这样做肯定是一时糊涂的。如果她知道我见到这件事，她应该会比我更难过的。虽然心里难受极了，我决定暂时不提这件事。谁知不一会儿她就给我打来了电话。先是向我道歉，说自己不会再那样做了，又告诉我明天会将我应该得到的玩具带到学校去。

虽然，一个玩具对我来说并不重要，但这个玩具却让我开心不已，因为我知道我的好朋友依然是那样善良可爱的小女孩。

校园是我们的另一个“家”，在校园里，我们收获了知识，收获了友情。在获取了知识，拥有了友情的同时，我们也在逐渐地成长。

家的乐章

李锦洋

清晨，在优美动听的闹钟铃声中，我睁开了惺忪的睡眼，侧耳倾听。

卫生间里响起“哗啦啦——”的流水声，我知道那是习惯早起的爸爸冲水的声音。然后，他的脚步声走过过道，在奶奶的房间门口停了停，大概又去看望奶奶，顺便问她早上想吃什么了吧。“吱”，一声开门声，“咔嗒”门锁闭合声，之后，楼梯上传来“踢踏踢踏”的脚步声——爸爸下楼买早点去了。

中午，妈妈买菜回来了，打开水龙头，“哗啦哗啦——”洗起菜。“当当当——”她熟练地在案板上把土豆切成丝，装进盘子里，再“啪”的一声打开灶，把油倒进锅里，油像顽皮的小水珠一样活蹦乱跳，在锅里跳着舞。只听“刺啦——”，土豆丝被倒进锅里，“哧哧”锅铲翻炒着土豆丝，炒得有一丝微黄，熟了，就把它们盛到白花花的盘子里，放在了餐桌上。

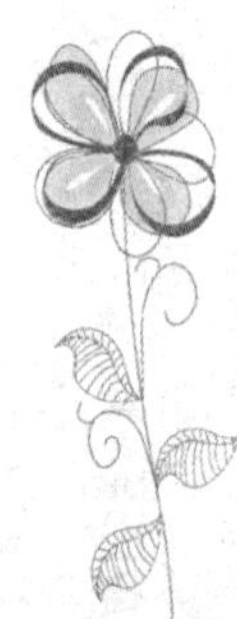

“宝贝，快点儿，该起床了！要迟到了！”伴随着紧张的催促声，妈妈拉起午休的我，手忙脚乱地将书包挎在我的肩上，“咚咚咚”冲下楼，妈妈“呼哧呼哧”气喘吁吁，“笛——”骑着电动车载我飞奔而去。

天黑了，“洋洋今天表现得好，老师表扬他了呢！”负责接我放学的爷爷，一进家门就忙不迭地向爸爸报喜。“真的，太好了，儿子，你多吃点。作业多吗？写完了早点睡吧！”躺在床上，听见爸爸妈妈明显放慢了脚步，蹑手蹑脚地走来走去。

每天，萦绕在我耳畔的有各种声音，它们是美妙的，温馨的，它们是家的乐章，我陶醉在这样的乐章中，有着深深的幸福感……

日新月异的芜湖县

黄锦睿

我家住在芜湖县的县城湾沚镇。随着时间的流逝，县城也有了日新月异的变化。

每当逛街路过一个小小的街心公园时，妈妈总爱说她童年在这座街心公园发生的趣事。我不由想好奇地想，妈妈的童年故事怎么都与这小小的街心公园连在一起？最后还是妈妈揭开了谜底，原来，她的童年时整个芜湖县就这样一座小小的算不得公园的“沚津公园”。看看这座公园，仅有一块草坪、一个池子和一座小亭，怎么能算是一个公园？太小了，太小了！

我的童年，好玩的地儿可比妈妈多多了。6岁前，我住在市民广场旁的小区里，那时，市民广场成了我每天必去玩耍的地方。那儿有宽敞而平坦的大理石广场，有崭新的健身器材，有成片美丽的树木花草，还有那高高的升旗台。我最喜欢在那儿骑着自己的小童车，快乐地跑来跑去。

夜晚来临，月亮升上天空，我常在爸爸妈妈的陪伴下在市民广场闲逛。广场上可真够热闹的，老人们随着音乐在跳着广场舞，大人们在健身器材上锻炼，孩子们则如我一样，东跑跑西逛逛。最热闹的是节日期间，当中秋、国庆这些节日到来时，广场上常有各种文艺表演，四邻八乡的人也就全到了。演出现场常常是人山人海，热闹非凡……那时的市民广场，成了我小心眼里最好玩的地方。

后来，我家搬到了荆江路，离市民广场有点远了，于是，新建好的东湖公园便成了我理想的休闲去处。

东湖公园比市民广场大了许多，它的占地面积据说有两百公顷。既然叫东湖公园，肯定就有一片湖面了。

东湖公园非常漂亮，入口处有一块巨石，上面雕刻着“东湖公园”四个大字。走过入口，便是儿童的乐园“万德城堡”了。万德城堡是一座游乐城堡，将网梯、滑梯等集中在一座城堡型的设施内，可好玩了。

过了城堡，便可以看到那平静如镜的东湖了。湖水清澈见底，晶莹透亮，一条曲曲折折的柏油小路环绕着这片湖面，路的两旁是郁郁葱葱的树木花草。每当有风时，湖面便闪耀起万千金鳞，湖岸那万千柳丝也随风飘荡，如果在晴天，湖中心的“琵琶岛”，伸入湖面的“音乐之帆”，湖对岸的“楚风塔”历历在目，让人恍如置身画中。

站在“楚风塔”上，俯视湖面，湖面碧波荡漾，遥望对岸，对岸高楼大厦鳞次栉比，越过那些高楼大厦，在那天地相接的地方，便是那一大片一大片绿色的原野吧。

一切都那么美丽，一切又那么生机勃勃。让人不由感叹，家乡的发展是那样的日新月异，也不由想到，家乡的未来会更加美好！

骉

钱佳怡

咦？这是啥字？怎么从来没见过？难道是火星文？不急，听我慢慢道来。

上个星期，马老师突然失踪，像人间蒸发了一样，不知去哪儿了。到了本周四早上，我们正在上晨读，突然一个高富帅的影儿从窗边闪过。转过头一瞧，呀，竟然是“失踪”的马老师！我们异口同声地喊：“马老师，马老师。”可马老师好像没听见似的，不搭理我们。到了第三节课，马老师终于来了。他刚踏进教室，我们便不约而同地欢呼：“马老师，您终于回来了，我们想死你了！”

马老师笑呵呵地说：“孩子们，你们要恭喜我。”

“恭喜你？难道马老师你中了五百万大奖了？”机灵鬼小顾插嘴。

“孩子们，我做爸爸了，我家添了一匹‘宝马’，我这几天啊，是在家照顾妻子和儿子呢！”

这时，小顾像打了兴奋剂，跑到马老师前面，熊抱了一下马老师。

“小顾，你怎么比我还高兴啊？”马老师笑哈哈地说。

这时教室里沸腾起来了。

我们七嘴八舌地议论开了。

“宝宝长得帅吗？”

“宝宝像马老师您吗？”

“宝宝又哭又闹吗？”

“宝宝叫啥？”

……

马老师摆摆手，示意大家安静。转过身在黑板上工工整整地写下一个：“骉”。我们看了都傻眼了，这是什么字？马老师打起学究腔，慢条斯理地说：“鄙人姓马，今又逢马年，家中喜得宝马儿子，三马合一，叫骉（biāo）,寓意万马奔腾。”

“马骉，好听！”

“马老师祝您和您全家平平安安，万马奔腾，马到成功！”

教室里传出阵阵欢笑声。

难忘的教师节

祁靖涵

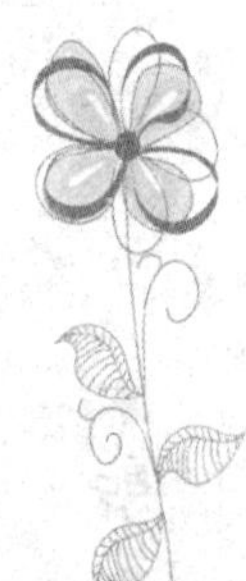

金秋九月，桂花飘香，柔风送爽，教师节又踏着轻盈的步子缓缓而来。

早晨，吃过早饭后，我就催促妈妈赶快去学校。出门时，我没有忘记拿着我早已准备好的礼物，看着这些礼物，我仿佛看到了老师收到我礼物时那灿烂的笑容。

想着想着，就来到了学校门口。啊，人真多啊，我被这壮观的场面惊呆了！我看见卖花的小摊被家长和学生围得水泄不通。看，那康乃馨、玫瑰花、太阳花，似乎在今天更为鲜艳，一朵朵张开了笑脸！再看那些绢花，五颜六色，做工精致，包装精美，不愧出自巧人之手。环顾校门四周，真是琳琅满目，眼花缭乱！

我带着自己的礼物，直奔教室，生怕手中的礼物会飞走似的。

来到班级门口，老师的讲桌上已经摆满了一束束的鲜花。当我把自己的礼物送到老师的手里时，老师脸上的笑容似乎更甜了，老师抚摸着我的头，温柔地说："谢谢你，靖涵！"还有什么能比听到老师这样的话语更让人感动的！我的心里充满了喜悦。啊，老师，您辛苦了！

回到座位上，我的心里久久不能平静，一个小小的举动，竟然让我和老师都那么高兴！是啊，这小小的礼物代表着我对老师的感恩，我对老师的理解，我对老师的尊敬！老师那轻柔的动作，温暖的话语，给了我自信，给了我勇气，给了我学习的动力！

啊，难忘的教师节！

考　场　上

俞玉希

"丁零零"，无情的上课铃响了，"眼镜"夹着试卷走进了教室。同学们个个脸色惨白——这场考试，是全班同学都发怵的数学。

试卷发下来了，教室里鸦雀无声。同学们应该都是想积蓄点儿力气，好在下面的时间里好好努力一下，争取考及格吧！

“开始做题。”眼镜那不带一丝感情色彩的声音响起，教室里立刻听到一阵“沙沙”的书写声。这声音，如同蚕吃桑叶的声音一样轻柔。只是，蚕吃完了桑叶能吐丝，我们的“沙沙”声后会有好的结果吗？

“嘀嗒、嘀嗒、嘀嗒……”时间不紧不慢、一秒一分地溜走，教室里也悄悄有了变化。角落里，有一只“长颈鹿”正在不停地东张西望；另一隅，一个“天文望远镜”正在百无聊赖地望着天花板……而我，则在不停地摇晃着笔杆。

终于，我将试卷上所有的空都填满了。我直起身子，伸了个懒腰，长长地叹了口气。这些题目看似不太难，只是，我这个马大哈能顶过去吗？平时我总考第一名，福星总照着我，这次还能不能这样幸运？此时的我，好像一手拿着“洗具”，一手端着“杯具”，真不知道最终手里会拿着什么。

“时间到，收卷！”这次，“眼镜”的声音出奇的大，洪钟一般。被惊醒的大家面面相觑，“恋恋不舍”，怕是有同学还没做完？只是，做完了又能怎样？

无奈！还是等待分数吧！只是，又不知哪些同学会在未来的某一天要遭殃了。

我们的邢老师

戴馨瑶

邢老师是我们一二年级时的班主任，她圆圆的脸上有两道像月亮一样弯的浓眉毛，笑起来就更弯了，她的嘴巴整天说个不停，好像和我们有说不完的话。她的头发黄黄的，经常披着，但我更喜欢邢老师扎马尾辫，因为她扎着马尾辫跟我们在一起玩的时候就像我们的大姐姐。

班里举行班级故事会，邢老师要求我们每个同学都要参加，回家好好准备。故事会那天，同学们陆续上台讲故事，有讲《丑小鸭》的，有讲《卖火柴的小女孩》，还有《拇指姑娘》……邢老师为了鼓励我们，给每个同学发了一个笑脸模样的徽章，就连平时不爱说话的水恒俊也勇敢地站上讲台获得了笑脸徽章。

别看邢老师平时很温柔，在学习上对我们的要求可严格了。她要求我们上课认真听讲，课后认真完成作业，若是不认真写作业老师会在班上严肃的批评，甚至会重写。如果你有不懂的地方，只要举个手老师就会耐心地讲解。邢老师常常说：“一年级是你们的启蒙阶段，老师这样严格的要求是希望你们能养成一个好的学习习惯！”

邢老师不仅在学习方面要求严格，在其他方面也是这样。每年学校的“六一表演”、“元旦演出”邢老师总是利用课余、放学时间陪我们排练。在邢老师的指导下，我们的节目《悠悠寸草心》不但在县里的比赛中得了一等奖还代表芜湖县农村学校到市里参加了汇报演出。我到现在还记得当时从市少年宫绚丽的舞台上下来，都紧张得找不到方向，“瑶瑶，老师在这边——”听到邢老师亲切的呼喊，我心里一下子踏实下来，向邢老师奔去……

邢老师到北京学习培训一个星期，她嘱咐我们：老师不在学校，你们更要当好班级的小主人，老师回来会给你们带礼物哦！那一个星期过得真慢呀，我们天天都盼着邢老师早点回来！终于到了星期一早晨，我们看到亲爱的邢老师，都跑过去围在她身边，叽叽喳喳地问道：“老师您回来了？”“老师北京好不好玩啊？”“老师给我们带什么礼物了呀？”邢老师摸着我们的头，笑呵呵地和我们聊北京。

有一次，邢老师去了趟北京，回来时，她给我们每人带了一个小小的中国结。这个中国结，我一直把它挂在我的小台灯上。晚上灯光映照在它的身上，显得格外红艳。我非常珍惜这个中国结，因为这是邢老师对我们的祝福啊！还有，她还送给我们每人一个印有“清华大学”标记的书签，我也一直珍藏着，舍不得用，因为这是邢老师对我们的希望，我要好好保存着，直到我能实现邢老师对我们的希望。

后来，邢老师考到城里的学校去了，再也不会回来教我们了。我们在失落的同时，也深深在心里祝愿邢老师，祝她能有一个更加美好的未来。

只是，我们还是会想起邢老师，想起她那甜甜的笑，那亲切的呼喊，甚至，想她那严厉的批评！

我和竹笛有个约定

汤航天

“孩子，今天让你学一门艺术，并不是指望将来你能在这条路上走多远走多宽，而是希望在你今后的人生旅途中，当你孤独寂寞伤心无助时，能多一种排遣烦恼的方法，不至于只会抽烟喝酒，蒙头大睡……”——妈妈的话

每年“六一”“元旦”班级联欢的时候，只见同学们一个个“八仙过海，各显神通”，纷纷上台展示自己的才艺。而我只能默默地坐在教室的一角，为他们喝彩，加油。终于，上三年级的时候，我鼓起勇气对妈妈说：“妈妈，我也想学一门艺术，您送我去学吧！”妈妈听了，一口答应下来。接下来的日子，我们商量学什么？在哪儿学？谁来接送？权衡再三，最终，在芜湖县青少年活动中心报了竹笛初级班。自此，我的学艺生涯正式开始了。

记得第一天上竹笛课，教笛子的刘老师让我们把笛子吹响。我想：这还不简单！我憋足气，铆足劲一吹，咦，怎么不响呢？又连吹了几次，小脸涨得通红，还是没什么动静。我像泄了气的皮球，瘫坐在一旁无精打采。老师看我气馁的样子，笑盈盈地说：“学竹笛的第一步要能把竹笛吹响。你们回家后找一个小瓶子，每天对着瓶口练习口型。”放学后，我按老师教的口型对着瓶口一遍遍练习。终于，第二节课上我吹响了它！

如果学一门艺术一开始是因为兴趣，是因为羡慕别人吹出一首又一首曲子。那么，最终能学有所获的，靠的绝对不仅仅是兴趣、羡慕，更重要的是坚持——家长的坚持，孩子的坚持。

今年暑假，刘老师严肃地说："同学们，你们已经学了三四年竹笛。现在到了检验你们学习成果的时候。从今天开始，你们要专心练习考级的曲子，争取一次通过！"老师的话刚说完，教室里的气氛顿时紧张起来，我们一个个埋头练习各自考级的曲目。回到家，听着伴奏又一遍遍练习。嘴唇干了喝口水，腮帮子酸了用手揉一揉，又继续练习。7月29日那天终于到来了，我怀着忐忑的心情走进芜湖艺术培训中心。虽然《梁祝》我已经练习无数遍，但毕竟第一次考级，紧张、担心、害怕各种情绪交织在一起。所幸，一切顺利。临了，考官满意地说："可以了！"我心里的石头顿时落了地。

后来的日子，当我写作业疲乏时，我会吹一曲；家庭聚餐时，妈妈会说："儿子，吹一曲给大家助助兴！"就这样，竹笛伴我走过童年，走向少年，它伴我走过每一个平凡而简单的日子，深入骨髓，融进血液。

此刻，当我拿起竹笛，耳畔再次响起妈妈的话："孩子，今天让你学一门艺术……"

在温暖中长大

诸晓婉

你听，我家的声音多么美好，用心感受，就可以听到家的温暖。

妈妈的嘱咐

上幼儿园时，我每次睡完午觉，看到其他小朋友都自己叠被子，而且叠得很整齐，我很羡慕。但是我根本不会叠，每次都胡乱地铺在床上。这件事情被妈妈知道了，于是每次在我上幼儿园之前，她都会嘱咐我："中午睡完觉，别忘了自己要叠好被子！"开始几次，我还没等她说完，就自己先跑了，根本就是把她的话当成耳边风。渐渐地，我也开始听她的话了，会回一句："嗯，知道了！"我想：妈妈这么信任我，我不能欺骗她呀！嗯，我要学会叠被子！就这样，我每次下午睡完觉之后，都试着叠被子。我看着别人怎么叠，自己悄悄跟着学。之后，我慢慢地学会了，放学一回家就自豪地告诉妈妈："妈妈，我会叠被子了！"妈妈的嘱咐让我明白了要自己的事情自己做。

爸爸的提醒

上一年级开始，每次在我写作业时爸爸总会提醒我笔拿高一点儿，头抬高一点儿，要保持正确的书写姿势。但是，我却认为爸爸这是多此一举，总会以特别不耐烦的语气说："爸爸你怎么这么烦啊！我还没近视呢！真是的！""我这样讲是为你好，等到你戴上眼镜的时候你就后悔了。"就这样，爸爸足足把这话说到了我四年级的时候。那时，正是我戴眼镜的时候。之后，爸爸提醒我的频率就越来越大了，这时我才感到后悔：唉，当初要是我听爸爸的话就好了，也不至于变成现在这个样子。现在，爸爸每一次提醒我，我都会乖乖地听从。在学校，我也会时刻以爸爸的话来提醒自己，纠正错误的姿势。爸爸的提醒让我感受到了他对我无微不至的关爱。

姐姐的叮咛

我上四年级的时候，姐姐就上高中了，两个星期才回来一次。每一次姐姐要从家里去学校时，她都会这样叮咛我："我不在家里，你多听爸妈的话，别老跟他们吵架，明不明白?"而我只是漫不经心地回她一句："放心。"其实根本没有兑现我给姐姐的承诺。看着父母失望的眼神，我慢慢地开始领悟姐姐的良苦用心。在姐姐不在家的时候，我不再像以前那样任性了，而是细心照顾辛苦工作的妈妈和身体不好的爸爸。等姐姐放假回来时问我："在家有没有跟爸爸妈妈吵架？"我总算能理直气壮地说："当然没有！""有没有好好照顾他们？""一定的！"姐姐的叮咛让我明白一定要孝顺父母。

就这样，我在家人的喃喃细语中慢慢地成长起来，幸福环绕着我，让我的世界变得多姿多彩。

墙缝中的小白菜

它所需要的水呢？应该是下雨时才会有吧。它所需要的阳光呢？应该是傍晚时候才能有一丝光线眷顾吧。可是，不管环境如何恶劣，它还是顽强地生长起来了，而且长得精神抖擞，长得意气风发。

七　仔

朱子俊

"七仔"，其实是我家小狗的名字。这个名字来源于电影《长江七号》，由于我觉得它有几分像电影里的"长江七号"，所以就给它取了这么一个名字。它是我爸暑假送给我的礼物，因为老爸觉得我暑假一个人太无聊了，就向别人要了一只。

它一身雪白的绒毛，珍珠眼，小短腿，大肚子，耷拉着耳朵，走起路来摇摇摆摆。每次犯了错误，它就会卖萌，跟在你屁股后面或是躲在哪个角落装可怜，让你拿它没办法。可爱，这是它的优点。有优点也就会有缺点。它的缺点如果说起来可以绕地球三圈：随地大小便、乱叫、乱咬、乱叼、乱跑、打架……

小事我就不多介绍了，我只介绍一些"重罪"：

乱咬。比如纸。上次我擦鼻涕的时候，拿纸巾的时候，掉了一张，我就没在意，想着擦完了再来捡。可这一幕被窝在角落里的它看见了，它以迅雷不及掩耳盗铃之势飞奔过来，等我回头一看，满地的"雪花"。

乱叼。像花盆、吊兰、袜子、拖鞋，还有一些小东西，只要它见到了，都会叼着乱跑，连我的玩具都不放过。如果家里有哪样东西失踪或是坏了，准是它叼着跑来跑去弄的，有的东西还莫名其妙"失踪”了！就算找到了，也必须得破个洞什么的。

乱跑。它几乎每天都在跟我玩失踪，找到了，怎么唤也不回来，我只好强行把它抱回来，骂了一顿。没用，第二天它还这样。

我爸眼光还真不错哈，精挑细选地就选了这么一只贱狗。唉，什么时候它真能像电影里的“长江七号”那样就好了。

馋“豆豆”

李之怡

妈妈送我一只小狗——“豆豆”，真好！

傍晚，妈妈大发慈悲，赏我一袋爆米花。其实，我的肚子早唱起了“空城计”。我忙撕开袋子，想美餐一顿。可爆米花的香味俘虏了“豆豆”，它跑过来，摇着尾巴，吐着舌头，眼睛盯着爆米花。看着“豆豆”那可怜样，我撮了几颗爆米花扔给它，它立即伸出爪子，拨拉几下，又用舌头舔舔，然后津津有味地吃起来，嘴里不时发出“吧唧吧唧”的声音。

吃完后，它仰起头，眼巴巴地看看我。还想吃啊？贪嘴的家伙！不给了。我就走开了。忽然听见“呜呜，呜呜”，我扭头看去，只见它前爪趴地，仰着头，又向爸爸乞讨，想再弄点儿吃的呢。而爸爸呢？看也不看它一眼。“豆豆”见软的不行，就来硬的。它上蹿下跳直叫唤：“汪汪，汪汪……”爸爸见它又可爱又顽皮，开心地笑了。“我给，我给，行了吧？”爸爸随手丢了几瓣橘子，“豆豆”一边用舌头舔着，一边得意地转着圈。

你看！真是个馋“豆豆”。

猫狗大战

何德顺

妈妈下班回家，狗在门口恭候迎接。我预料猫也会来的。

果然，猫从草丛中踱着方步走出来，傲慢地伸了个懒腰。这时，狗瞥见了自己的死对头，立刻箭一般地冲过去，在猫面前来了个急刹车。猫见状，刚刚还昂头挺胸的，吓得立刻蜷缩在角落里。

狗狠狠地瞪了猫一眼，转身走了。猫见狗走了，趁机溜。狗猛地回头一看，吓得猫连打几个滚，向后逃窜。

狗在后面撒腿追了好几圈，猫纵身一跃，躲进了一堆木柴里。狗钻不进去，只好在外面守着。守了好长时间，也不见猫出来。正想放弃时，猫从另一面窜出来，狗发现了，继续追逐，猫又躲进了刚出场的那个草丛里。狗好像怕破坏绿化，或是怕贸然进去会遭到猫的偷袭，就蹲在一旁盯着草丛，不时还低吼几声，看能不能把猫吓出来。

过了好半晌，猫觉得周围没危险了，便从草丛里探出半个身子，东瞧瞧，西望望。可它万万没想到，危险就在它身后。

猫好像感觉到了什么，立刻拼命逃窜……

小狗球球

潘梦菡

奶奶家有一条小狗，叫球球，我可喜欢它了。

球球睡觉时总喜欢蜷成一团，远远看去像个球，奶奶去领养它时，第一眼就相中了它，说：“我就要那球球了！”于是，我们便叫它球球了。

球球的头圆圆的，皱巴巴的脸上镶嵌着一双玻璃似的眼睛，两只小耳朵耷拉在两旁，长得有点怪怪的。全身上下仔细打量，它能称得上漂亮的地方大概只有鼻子。这鼻子看似小巧可爱，其实可厉害了，能闻到三里之内所有的味道，所以，只要家里有好吃的，第一时间它便可以很准确地找到。鼻子下的那张小嘴也还不错，模样倒算周正。只是谁要惹它不高兴时，它就掀起嘴唇，露出那锋利的牙齿，看上去有点吓人。其实不用怕它，因为它从来没真咬过任何人。

白天球球比较贪玩，常会出去逛逛，与它的小伙伴们打打闹闹，一点也不恋家。可到了晚上，它就换了个模样——看起门来也毫不含糊。每当晚上我们全家要出去时，我都会对球球说：“球球，你要好好的看家，不要让陌生人到家来。”球球总是摇着尾巴，大眼睛扑闪扑闪地望着我，似乎在说：“放心吧，我的小主人，我一定乖乖在家看门，绝不乱跑。”当我们走远时，如果回头看看它，它依然正襟危坐地守在门口，真像一位尽职的哨兵。看它这样，我感觉特别安心。于是，每次回来时，我都会带些好吃的慰劳这位小士兵。

球球吃饭时也特别有趣，常常使我们发笑。球球虽然贪吃，但对食物十分挑剔，像个大爷似的。每次吃饭它都会先围着饭碗闻闻，然后再抬起头打量打量。碗里如果有肉骨头，它就会从容不迫地舔上几口，再大口大口地吃起来；如果没有，它便会汪汪地大叫几声，好像再向我抗议："小主人，我最爱的肉骨头呢？"如果我没动静，它便会离开饭碗，跑到我身边，在我的腿上蹭来蹭去。被它黏的不行，我只得像个服务员一样给这位"大爷"添加它最爱的肉骨头。如果哪天我心情不好，它就会持续地汪汪大叫，可当它发现我板着脸瞪着它表情不对时，它又会乖巧地低下头，不情愿地慢慢咀嚼着难以下咽的饭菜，还呜呜地哼着，真像个小人精。不对，是小狗精。看着它那可怜巴巴的样子，我又好气又好笑，最后还是会给它加上更可口的饭菜。

唉，都说我是球球的小主人，殊不知，很多时候它才是我的小主人呢！

假如我有一台时光机

吴慧怡

众所周知，哆啦A梦有一台时光机，而我也想要一台，穿越到很久之前，改变历史。

假如我有一台时光机，我要穿越到1860年10月，把现代最先进、威力最强的武器和最精锐的士兵全部带过去，驻守圆明园，打败想要掠夺圆明园文物、纵火焚毁圆明园的英法侵略军，让他们知道中国人的厉害，同时也能防止人类文明史上一场空前的浩劫。而且，我要把慈禧太后带到未来的首都——北京来看看，让她知道祖国未来发展得多么强盛，连外国人都来中国工作，从此便不用惧怕外国人，也不会处处让着他们，免得她遗臭万年。

假如我有一台时光机，我要穿越到1937年12月13日南京大屠杀的现场，带上枪、子弹、炸弹，带着特种部队，包围惨无人道的日本军队，对他们发起猛烈进攻，赶走他们，使南京超过三十万军民免遭涂炭，也会使中国人民对日本人的憎恨减轻，这对中国和日本两国邦交皆有好处。

假如我有一台时光机，我要穿越到秦始皇时代，在他号召老百姓到黄河边砍树造宫殿的时候，及时上书给他，劝阻他收回成命。这是因为，如果黄河边的大树被砍完了，那么水土就会流失，使黄河成为地上河，造成黄河大水泛滥，淹了岸上的人家。

假如我有一台时光机那有多好，可以使人们逃离苦难、保护文物，可这只是我的幻想，历史都是无法改变的事实。虽然我们无法改变过去，但是我们有能力建设更加美好的未来，让历史的悲剧不再重演，让我们的祖国更加强盛、富饶！

我是一只流浪猫

王彩懿

自从我来到人间，从来没有见过妈妈。我住在一户人家的走廊里，但他们不久前搬家了，我再一次被抛弃了，只好四处流浪。

我来到一个学校的校园，这里有时非常安静，有时很吵。一下课，来了几位同学，她们看见了我，像见外星人似的，在我面前议论纷纷，有的甚至走过来，抱起了我，给我喂食。我依偎在她们怀里，心暖暖的。我想跟着她们，便不由自主跟了上去，就在这时，不知从哪冒出了几个男强盗，死死地把我围住。我本能地往他们那边挤，想从他们中间穿过去，可没想到，一个小男孩儿竟抓起我的尾巴，让我悬在半空中，我疼得“喵喵”直叫。我挣扎着想要转过去咬他的手，可他随手一扔，我摔了四脚朝天，脑袋猛地震了一下，神志不清了。但我知道再不逃，更大的危险马上就会来到，便铆足了劲向校门跑去。他们也跟着追了出来，快要追到我时，上课铃声响了起来。他们终于往回跑了，可我再也没有勇气再进这所学校了。于是，我深深地吸口气，失望地朝前走去。

这次，我来到一家塑料厂，因为这里到处弥漫着老鼠的气息。我刚一进去，就被突如其来的大卡车轧伤了脚，我更不敢进去了。走着，走着，我来到了街上，这里不是人山人海，就是车水马龙，我只好悄悄地躲到一个清静的角落里，疲惫不堪的我迷迷糊糊地睡着了。我醒来的时候，又在一户人家里，被拴在绳子上。面前的这个小孩子，看似很漂亮，可对我非常凶，不停地拿小棍子戳我，我越反抗，他越高兴。我气坏了，难道只有人命好，猫命贱么吗？

半夜，我终于找到一个机会偷偷地逃了出来。拖着伤脚，我慢慢地在街头走着，又冷又饿，又渴又疼。不知不觉，我走到了一个墙角，再也没力气了。我只得趴了下来，无力地吮吸着那沾满鲜血的脚，慢慢地闭上了眼睛。

就在这时，一双白嫩嫩的手抱起了我，我一看，是个小女孩。“可怜的小猫。”她心疼地叹息着，抚摸着我的头，珍珠般的泪珠滴落到我身上。对我来说，那是最温暖的抚摸，应该和妈妈抚摸我时一样吧。

小女孩把我抱回了家，帮我包扎，让我吃鱼。我高兴极了，终于又有一个疼我的小主人。可就在我高兴之时，小主人的妈妈走了出来，和小主人说了几句话。听不懂她们的语言，但我看得出她们的神态，我知道，小主人的妈妈不让她养我，哪怕我只是一只受伤的并不凶猛的猫。我无力地闭上了眼睛。

过了一会儿，那个小女孩把我抱出了门，恋恋不舍地看看我。于是，我又含着泪开始了我那悲惨的流浪生活。

梦我所思

张宜诚

“唉，又是这么多作业，要做到猴年马月啊！”望着桌上堆积如山的试卷，我不禁感叹着。我无可奈何地写着写着，困意袭来，迷糊中入睡，还在梦中神游……

这是哪里？前方来人是谁？我定睛一看，原来是唐僧师徒。咦，怎么少了“吃货”猪八戒？突然，唐僧走到我身边说：“八戒，去化些斋饭来。”唐僧怎么知道妈妈给我起的昵称“八戒”呢？我正在纳闷着，孙猴子跑过来，揪着我的大耳朵骂道：“呆子，发什么愣，快去化斋！”我驾起祥云，飞到了黄山之巅，只见迎客松立于悬崖峭壁之上傲视世间万物；山雾缭绕于群山沟壑之间，云海波涛滚滚。此处景色迷人，却不见酒家饭店，更无山里人家。这如何化得了斋饭？我一着急，摸出手机定位最近的美食，页面显示“徽州人家”。我用手机导航，腾云驾雾来到“徽州人家”。店里生意火爆，食客满满。老板见我是出家人，爽快地给了一些米饭，还赠送了店里的招牌菜：徽州小炒和臭鳜鱼。师父与师兄弟们都是正经出家人，这臭鳜鱼就让我饱饱口福吧！

吃完臭鳜鱼，我捧着剩下的饭菜，火速飞回师父身边。师父大赞道：“今天的饭菜太可口了！”猴哥说：“找好吃的，非吃货八戒

不可！”沙师弟说：“我也点个赞！往后斋饭之事，拜托给二师兄了。”

于是，我负责每日斋饭，跟着唐僧师徒一路西行取经。这期间，我常常借着化斋之机，穿越山川河流，吃遍天下美食。这不，我们刚跪拜了乐山大佛，吃了又麻又辣的重庆火锅，就又来到了万里长城，吃到了外酥里嫩的北京烤鸭。接着，飞越了“风吹草低见牛羊”的内蒙古大草原，吃到了香气四溢的烤乳羊……

我跟着唐僧师徒边游边吃，没几日就到了西天藏经阁。天哪，这哪是什么藏经阁，分明就是一座图书馆！书架上陈列着《金刚经》、《易经》、《道德经》、《论语》、《史记》、《春秋左传》、《百年孤独》、《雾都孤儿》、《哈姆雷特》……我随意翻阅几本，合上了书，就能背出原文。过目不忘？我成了智慧超人！得意之余，我又被《明朝那些事儿》吸引住了……

“八戒，大白天做作业还睡着了？”老妈的一声大吼，惊醒了梦中的我。我揉揉睡眼，直起身子，继续写作业。然而，我的思绪又飞回了白日梦中，恍然间，我顿悟了！哦，我向往的正与“八戒”一样，再也没有写不完的作业，再也没有做不完的试卷，再也没有那烦人的考试。

新版《乌鸦喝水》

胡玉含

一只乌鸦想到鸟王身边去工作，以摆脱受人歧视的境况，苦于没有办法，便请在鸟王身边工作的狐狸在鸟王那儿给说说好话。

到了狐狸府上，乌鸦谦卑地对狐狸说："狐狸大哥，您是知道的，我们乌鸦家族一向受人歧视。因此，我想请狐狸大哥在鸟王那儿说说好话，能不能让小弟我去鸟王身边工作，这样我们乌鸦家族的脸上也会好看一点儿。"

"这事儿我可干不了，得你自己去。"狐狸非常干脆地回答。

"让我自己到鸟王那儿帮自己说好话？"乌鸦大吃一惊，"我可没有这样的口才！"

狐狸不急不慢地说："什么说好话！什么没口才！你可以向你的祖先学学嘛！"

"我的祖先？学什么？"乌鸦非常吃惊。

狐狸笑眯眯地说："噢，你忘了你们乌鸦家族最光荣的一次表演了？还记得你的祖先喝水时，瓶子里的水太少了，你的祖先是怎么办的吗？"

乌鸦恍然大悟："您是说要我再给鸟王去表演一下这个节目，以博得鸟王的欢心？"

“对了，这才聪明嘛！还有点儿你祖先的基因。”

“谢谢狐狸大哥的提醒，我马上去准备表演的器材！”乌鸦急急忙忙就要往外飞。

“别急别急，我得适当提醒你一下。”狐狸顿了一下，喝了一口水，笑眯眯地说，“这次可得有点创新，再投小石子可就不行喽！”

“那该投什么？”

狐狸一字一顿：“得投点什么钻石、玛瑙或者金子之类的吧。”

妈妈的爱

陶　婧

“妈妈，我爱您，您爱我吗？”小的时候，缺乏安全感的我，总喜欢问妈妈这样一个问题。而每次，妈妈都甜甜地告诉我：“你是妈妈的小宝贝，不爱你还会爱谁呢？”每当妈妈这样回答我时，我都会高兴一整天，因为，妈妈爱着我！

妈妈的爱，好似那棉花糖，总是甜甜的、软软的；妈妈的爱，又似那阳光，暖暖的、明亮的。妈妈的爱，总让我看在眼里，映在心里。

记得那时我可爱吃饺子了。每天，妈妈都会给我包饺子。而第二天早晨，妈妈也总会给我端过来一碗热热的、香香的饺子。看到爱吃的饺子，我常常会显得急不可耐，而这时，妈妈也总会捧着我的手，轻轻帮我将饺子吹凉，再笑眯眯地坐在旁边，看我一口咬下半个饺子。嘴角流下了汤汁，妈妈也总是顺手帮我轻轻擦去……

不知不觉，我想到了更多。想到了刚搬家时我不敢独自睡觉，妈妈守着我一直等我入睡才轻轻离去；想到了妈妈陪着我一道追着那断线的风筝疯跑，惹得路人纷纷侧目；想到了妈妈每天陪着我做作业，帮我想着她也并不轻松就能想出的答案……

现在的我，早已不再去问妈妈那幼稚可笑的问题。因为我知道，妈妈的爱，其实不用说出来的，她的爱，在她的眼神中，在她的饺子里，在她那日日夜夜的为我操劳中。

妈妈的爱，就是如此甜蜜而温暖，如那白白的棉花糖，如那温暖的阳光。

妈妈的羽衣

舒港涛

一夜，偶然停了电，摇曳的烛光把妈妈的影子投在墙上，凝重静谧，宛如披着羽衣的仙女在沉思。

妈妈都有一件美丽的羽衣，这是我看了席慕蓉的一篇散文后才知道的。她说，每个母亲原来都是一个美丽的仙女，都有一件可以让她飞翔的羽衣。可是当她决定做母亲时，就把羽衣锁进了箱子，那箱子就永远不会再开启。而我希望的却正是要妈妈重新披起羽衣。

妈妈有七色的彩笔，可还没来得及涂完自己的梦，画布上就添进了我，于是看也是我，画也是我，我成了妈妈唯一的风景。

摇篮边，妈妈的眸子是会唱歌的星星，云月、花草、山川、大海，都在妈妈的歌里生动起来。后来，妈妈就是童话。拇指姑娘、青蛙王子，在妈妈的声音里哭也是清晰，笑也是清晰。忘了妈妈那时的模样，只记得那时的妈妈是个仙女。

……

我终于知道，妈妈的羽衣并未收起，而是披在了我的身上，从我的第一声啼哭起。自此后，即便是风雨的日子，生活也变得如童话般温馨。

总有这样的感觉，我前行的路上都铺满了金黄的叶子，而每一片叶子都是妈妈的一个日子。妈妈的日子铺成了我前行的路，为这，她宁愿白发早生，宁愿容颜变老。

妈妈将她的羽衣，化作我飞翔的翅膀，托举着我飞得更高更远。为这，她宁愿自己低到尘埃。

母爱如歌

程思杰

在我儿时的记忆里，母亲总是严厉的，常为了些许小事就责备我，一直以来，我都认为自己的妈妈是世界上最狠心的母亲!

又是一个寒冷的冬天，凛冽的寒风吹着忧伤的曲调，我又在家里被母亲训得狼狈不堪。“不就是作文没写好吗？”我低着头，撅着嘴嘟哝着。妈妈听了，火冒三丈。沉默了一会，我见妈妈没怎么说话了，便胆战心惊缓缓地抬起头，微微瞄了一下她的眼睛。一见妈妈的眼神，我不由打了个寒战——那利剑般的寒光，让我感受到一股巨大的压力。

母亲看见我动了一下，又用手指着我的作文：“你这叫没写好？字写得龙飞凤舞，文章又条理不清，分明就是没用心！”

“再写几遍啰。”我控制着自己的胆怯，装作吊儿郎当地说道。

母亲再也抑制不住内心的怒火，一把将我搡到床上，顺手用她那“铁砂掌”扇了我几下。我吃惊地望着妈妈的眼睛，那里有愤怒、悲伤、后悔。我感觉母亲这次太狠太狠了。

眼前漆黑一片，窗外的曲调更深沉了，豆大的眼泪在眼眶中滚动着。我再也忍不住了，趿拉着拖鞋，闪开母亲，眼里含着泪，冲出家门，跑下楼梯，沉重的脚步声在楼梯间回荡着，隐约中还夹杂着一份来自家里的哭泣声。

跑出家门后，我拼尽全力，一路狂奔，好让内心的苦痛能够得到释放。同时，我的内心也生怕妈妈追上来，生怕她又恶狠狠地把我拉回家。

也不知跑了多久，我终于无力地放慢了脚步。此时，我的心里好像塞了一块大石头，而且，那块大石头锋利的尖角正在慢慢地割着我的心脏。这是多么持久的痛！

走了很久很久，我的肚子传来一阵阵轰鸣，我才想起来，晚饭我都还没吃，现在又那么饿，真倒霉！

突然我泄气了，想着能回家吃东西就好了。可是，这次面子丢得太大了，我宁愿不吃饭，也不能向妈妈低头！我就在这等妈妈来找我吧。如果妈妈来找我，我就和她一起回家，这样一来，既可以吃到晚餐，又能找回面子啦。怀着这样的想法，我就在路边的草坪上坐了下来。

希望听到妈妈那严厉的声音，焦急呼唤我的声音。可等到了

二十二点那时，妈妈的声音也没有听到，更没有看到她那急促的身影。我已经饿得饥肠辘辘了，只好放下面子，无精打采地走回家。

当到家门时，无奈地敲了门，惊奇地发现开门的不是妈妈，而是妹妹。进到家发现妈妈不在客厅，桌子上有热过了的饭菜。“妈妈怕你犟着，不敢去找你，想等爸爸回来找你。一直在窗口望着你回来，一直在哭呢！”妹妹轻轻地告诉我。听妹妹这样一说，我的眼泪又不争气地掉下来，滴落入菜里。没想到，看似凶悍的妈妈，也有这样柔弱的时候。

吃着这些含泪的饭菜，感觉它们有点淡淡的咸味，细细咀嚼，那淡淡的咸味里有着甜甜的母爱……

母爱如歌！

妈妈的唠叨

包程瑜

我有个喜欢唠叨的妈妈，整天在我身边唠叨，从今天穿什么衣服到整理书包，从少玩电脑到多做课时练习，好像每次她都特别有道理。

最让人头痛的就是她喜欢坐在你身边和你讲道理了，那些道理我都知道，无非是要注意自己的言行什么的，她说要做个淑女，可是自己却唠唠叨叨像个老太太。

妹妹出生前两个月，妈妈常常把耳机放在她的肚子上，还常常自言自语，我很好奇，不知道她在干什么。

妈妈告诉我，她在和肚子里的宝宝讲话呢，有时候我很想知道，当时的妹妹是不是也很烦她。

妈妈问我是否愿意和宝宝一起听听音乐时，我觉得只要她不唠叨就好，而且我的确很好奇宝宝在听什么。于是我同意了。

妈妈放的音乐都是轻音乐，偶尔会有一两首动感强烈一点儿的，那时候，在妈妈肚子里的妹妹会突然动一下，我把头靠在妈妈的肚子上，可以感受到被她踢了一下，我的耳朵被她踢得痒痒的，感觉好奇怪啊！这时候，妈妈会轻轻地拍着肚子，温柔地说："宝宝真乖，你喜欢这个音乐吗？将来和姐姐一起唱歌啊。可以和姐姐学弹琴哦！"

我问妈妈，如果宝宝将来不喜欢弹琴呢？妈妈又对着自己的肚子说："没关系，可以先练习一下，不喜欢弹琴可以学别的。但是作业一定要准时完成的，好吗？将来把自己的房间整理得干干净净，好吗？"

妈妈一定以为我是傻瓜，我当然知道她是在对我说，可是我很开心。因为我发现，只要你能静下心，慢慢聆听妈妈内心的声音，妈妈的唠叨其实也没有那么讨厌。

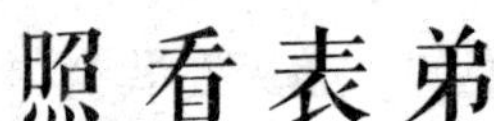

照看表弟

陶　晨

昨天，我正在家里看电视，忽然门铃响了。打开门一看，原来是

阿姨。

“我把你表弟放这儿放一下午。”阿姨进门就说道，“能给我照看好吗？”“保证完成任务。”不知道小孩子都是火星上来的我，很有信心地向阿姨保证道。“那好，后面就看你的了。”阿姨将小表弟往我怀里一塞，便急匆匆地走了。于是，我开始了我人生中第一次独立照看一个孩子的经历。

阿姨走过后，表弟就哭了起来。我急了，将他放到床上，又是扮小丑，又是装假摔，累得满头大汗，可他就是哭个不停。

“鹅，鹅，溜来。”忽然，我听到他嘴里吐出了一些词！这到底是什么意思？我不顾表弟的哭叫，来回踱着步子冥思苦想着。突然我想到，这“鹅”不就是“饿”吗？这“溜来”不就是“牛奶”吗？想到这儿，我赶紧从阿姨丢下的包裹里找出他的奶瓶，给他冲了一杯奶。果然，见到牛奶他就不哭了，“咕嘟咕嘟”喝了起来。

可是好景不长，喝完牛奶不一会儿，他又哭了起来，边哭还边不停地喊道：“点丝，洗游机。”有了上次的经验，这“点丝”我倒一听就懂，“洗游机”又是什么？是“洗衣机”吗？不过，电视与洗衣机有什么关系？难道是想让我将这两样同时打开？不会的！那有没有什么电视节目叫“洗游机”？哎！不就是这几天热播的“西游记”嘛！于是，我连忙问他道：“几频道？”“死频道！”这次，我倒是一听就懂了。

看来，这孩子可真不好照看啊！都快把我培训成“火星语”专家了！

剪　线　头

李　倩

每天回家做完作业，我总喜欢到邻居姐姐家玩。姐姐职校毕业后，在家做裁缝，替本地服装老板加工衣服，手艺可好了。

这天我又和往常一样去姐姐家串门。“姐姐，我来了。”我连蹦带跳地喊道。“小丫头，来得正巧，快来帮忙。”姐姐稍稍抬起头，手仍不停地摆弄着，“正愁来不及呢。服装老板电话催死了，衣服马上要打包，托运。”

“好嘞，马上布置任务吧。”我爽快地答应。

姐姐停下手中的活，拿起一件半成品的衣服，指着衣服门襟上的一排纽扣说：“伊伊，你看仔细，这排纽扣边上都是黑色的线头，你用剪刀修剪干净，纽扣扣牢，叠好放齐，会吗？”

“会，当然会。”我搬来了一只小板凳，拿来了剪刀，小心翼翼地剪起线头来。纽扣边上的线头真是多如牛毛，参差不齐，犹如蜘蛛网一般。况且线头是黑色的，衣服的面料也是黑色的，如果稍不留神，不是线头没剪干净，就是把纽扣剪坏了。我聚精会神地剪起线头来，估摸花了四五分钟，总算剪好一件。喜滋滋地递给姐姐验收，姐姐快速地一瞅：“我说伊伊就是能干嘛，挺干净的，纽扣也扣得非常牢。不愧是三好学生。”

“耶，耶！”听了姐姐的表扬，我非常得意，一边唱着“剪唰唰，剪唰唰”，一边不停地舞动着手中的剪刀。

姐姐看着我的傻样，忍不住笑着：“臭丫头，当心，别把纽扣剪坏了。”

夜幕降临，我终于把一大堆衣服从左边挪到了右边，顺利完工了。我扭了扭腰，搓了搓手，如释重负。望着继续忙碌的姐姐，我不由自主地念叨起：半丝半缕，恒念物力维艰。

那串甜甜的糖葫芦

张　芮

小时候，我最想吃的就是糖葫芦。你看，那糖葫芦一串一串都是红红的，外面裹着一层薄薄的亮晶晶的糖，再洒上少许的芝麻，看上去就让人垂涎三尺。可那时我比较害羞，总怕别人说我馋，什么都不直接说，也就没机会吃过。

那天，我和爸爸妈妈去公园玩，看到小路旁那卖糖葫芦的，我又开始有点儿馋。

“妈妈，我饿了。”犹豫了半天，我动起了小心思，对妈妈说道。可妈妈却一点都不知道我的心思，却反过来问我：“哎，宝贝，你不是才吃过早饭吗？”“不嘛，我刚才走累了，就是有点饿了。”没办法，我只好使出杀手锏，朝妈妈撒起娇来。

妈妈心疼起了我，牵着我的手说道：“好，那就先给宝贝买好吃的去吧。”可让我没想到，妈妈根本一眼都没看卖糖葫芦的，而是牵着我的手，朝公园外走去。我一看不好，一下挣脱了妈妈的手：“那个、那个……我现在又不饿了。我，我还是去玩吧！”说完，我逃命一般往儿童乐园跑去，边跑心里边抱怨着：这傻妈妈，怎么一点都不懂我的心思呢！亏我还是她亲生的！

我一个人坐在滑梯上发着呆。心里不由念叨着：糖葫芦、糖葫芦、糖葫芦……唉，我什么时候才能吃上糖葫芦呢？

这时，妈妈朝我走了过来：“宝贝，怎么不去玩了？”“我累了，想回家了。”没吃上糖葫芦，玩什么都没精神，还不如回家去呢。我有点生闷气。

我在前面走着，爸爸妈妈在后面不知道在嘀咕着什么。我才不管呢，我只想我的糖葫芦。

过了一会儿，妈妈忽然快步追了上来：“宝贝，怎么不高兴了？是不是想吃糖葫芦啊！”我心中一喜，妈妈居然提起了糖葫芦。顾不上害羞，我坚定地点了点头。可朝旁边一看，都走出好远了，哪儿还有卖糖葫芦的影儿啊。我又失望了。

这时，爸爸走了过来。“给！”爸爸将手从背后拿了出来。我一看，激动的差点叫出声来！是糖葫芦！——原来，刚才爸爸妈妈在嘀咕我怎么突然不高兴了，猜出我是想吃糖葫芦，特意让爸爸又跑回去买了串！

接过那串糖葫芦，我慢慢咬着，我感觉那是天下最甜最甜的糖葫芦，一直甜到了心里。

偷发短信

李思婕

晚上，一进家门，我就发觉情况异常。妈妈在厨房里撅着嘴，爸爸在卧室里沉着脸。唉，肯定又是爸爸的臭袜子惹的祸。果然，爸爸不耐烦地说："我出去匆忙，顺手就把袜子扔在沙发上了。多大点事儿呀？"

开饭了，往日一家人有说有笑，可现在静得能听见咀嚼和吞咽的声音。妈妈还没吃上半碗饭，就撂下筷子把自己锁进了卧室。爸爸呢？埋头不吭声，也吃得心不在焉，没滋没味。我看在眼里急在心里，就想到了一个妙招：发短信。我偷偷从爸爸的棉衣口袋里掏出手机，找到妈妈的手机号码，点击短信息服务。

"亲爱的老婆，对不起，是我做错了。我不应该把袜子乱扔，我向你道歉。明天我买一个礼物送给你。"我点击，短信成功发出。

然后我蹑手蹑脚地潜到卧室门口，从门缝中偷窥，只见妈妈拿出手机，看了看，嘴角露出一丝笑意，手指不停地在屏幕上滑动着。

"叮咚"一声，妈妈的信息来了："亲爱的老公，是我不好，不该对你发那么大的脾气，对不起，请原谅。"

大功告成。我拿着手机给爸爸看："妈妈给你发了短信，快看。"爸爸的眼睛亮了，一把抢过手机……

第二天，我拿着礼物来找妈妈：“妈妈，这是爸爸让我送过来的。”妈妈高兴得合不上嘴，立刻走到爸爸跟前：“老公，谢谢你的短信，你的礼物。”

爸爸张大了嘴巴：“啊？我没送你礼物啊，是你给我发的短信。”

两人你看我，我看你，突然哈哈大笑，然后擦着笑出的眼泪，异口同声地喊起来：“思思——”

一场矛盾化解了……

房子大了，笑声少了

胡　冰

小时候，家里就两间小小的房间，一间是厨房，一间是卧室。除了妈妈烧饭的时候以外，其他的时候，我们一家都挤在那间小小的卧室里，一起看那台很小很小的电视，一起演好玩的故事。

那时，我们一家多开心呀！保留节目是“小红帽”。我嘛，理所当然的是小红帽，妈妈得扮小红帽的妈妈，而老爸，只能去扮演那只结局悲惨的大灰狼。“外婆”则在老爸的一再要求下，用一只大果冻代替了。道具当然也不能少。我戴上我的小红帽，妈妈戴上自己的头巾。而爸爸呢？就在耳朵上挂两只灰袜子。一切都准备妥当之后，节目开始了。

妈妈给小红帽三只果冻，吩咐她交给外婆，小红帽便一跳一跳地走了，中途顺便“贪污”了两只果冻。而一只大灰狼，则抢在小红帽之前到了“外婆”家——卧室里。然后，一口吃掉了“小红帽”用来充当外婆的果冻。而小红帽看到自己的果冻被大灰狼放进了嘴里，通常会气愤地大喊一声：“老爸！”结果，全乱套了。全家人笑着挤在一起。

那时，一家人是那样其乐融融，而现在呢？唉！

现在，我家有了爸爸妈妈的卧室，我的卧室，有了独立的客厅、厨房……反正，房间比以前多多了，也大多了，漂亮多了。但家里背负了好多的债，因此，笑声却在住进大房子以后少多了。

每天早上，我在自己的房间里读课文，妈妈匆匆忙忙地在厨房里烧饭，爸爸也赶紧打扫好家里的卫生。只要一吃完饭，就各忙各的去了。这还好，最少到学校后还有同学可以说说话儿。到了晚上就更惨了，爸爸妈妈又在各忙各的，我只得一个人孤零零地在房间里做作业。

全家人只有在吃饭时才会聚在一起。但每到这时，爸爸妈妈大多数时间都沉默寡言，埋头吃着饭，谁也不轻易开口说话。实在忍不住时，我会大声抗议：“你们倒是说话啊！”妈妈总会略带疲倦地说：“吃你的饭，别又像小时候那样让饭呛着气管了。”

天啊，我宁愿把饭弄气管里去，也不愿意像现在这样感到孤单。因为那饭是快乐时笑进气管的。我情愿那样！可现在，我找不到我的快乐了！

聪明的，你能告诉我，我该怎么办吗？

爸爸，我想对您说

周庆梅

爸爸，我一直想和您好好谈谈。在家里，您除了过问我的成绩，就是总板着个脸给我下达命令。尽管我们每天生活在一个屋檐下，您也就在我的眼前，但我总觉得您离我好远好远。我多么希望能和您像朋友一样谈谈，可我不敢。所以，我只好借着这张纸，把我心里藏了很久的话说出来。

爸爸，昨天您狠狠地批评了我一顿，我当时没有哭，可晚上在被窝里越想越伤心。我只是和几个同学去看影碟，您就大发雷霆，有那个必要吗？我承认我撒了谎，可我每次说出来玩一下您都不同意，如果不说向同学请教问题，您肯定不会让我去。您还说我不该和男同学去，可为什么我不能和男同学交往呢？您为什么总觉得男女生在一起就没有纯洁的友谊呢？爸爸，您真的有点儿固执。

爸爸，我觉得您和现在的老师、家长都把男女生交往看得太严重了，像是防止洪水猛兽一样。爸爸，我知道您是为了我的前途着想，希望我考上一个重点中学，希望我出人头地。您的良苦用心做女儿的又怎能不理解？女儿已经长大了，开始用自己的眼光去看世界，我也知道在这个竞争激烈的社会中要为实现自己的理想更加努力。爸爸，为了您的期望，为了我自己的将来，我一定会好好学习的。

爸爸，您知道吗？我已不是当年懵懂的黄毛丫头，我早已长大了，有了自己的思想。您大可不必整天煞费苦心地“辅导”我学习，给我买各种各样的资料书籍，我会好好学习的，可我也不能整天关在屋子里看书啊！毕竟我还只是十来岁的孩子，我需要快乐地成长。

夜已经深了，爸爸，我对您所说的也差不多了，希望您在听完女儿的心声后，能理解女儿，给女儿一点自由的空间。相信女儿，让我们彼此成为好朋友，好吗？

奶奶，我又想您了

崔　俊

凌晨，被一阵惊天动地的烟花惊醒后，我听到了一阵凄凄惨惨的哀乐。我知道，又有一个小孩和我一样失去了奶奶。我再也没睡着了。那祭奠死者的音乐，那不祥的音乐，那哀伤的音乐，那思念的音乐，如丝如缕，如泣如诉。奶奶，听着这音乐，我又想到了您。

2008年12月1日，我永远忘不了那一天。奶奶，您离开的那天。那天，是我们家人到的最齐的一天，然而却是为了与您的永别！我、姐姐、哥哥、姑姑、姑父、大伯、大妈，还有我的爸爸妈妈，都集中在一起了。您却要离去了！看着您那疲惫不堪的眼睛，看着您那苍白得看不见一丝红润的脸，看着您那瘦骨嶙峋的手，我的心好痛。

房间里没有一丝声响，只有我们那沉重的呼吸。您轻轻地咳了几声，您的咳嗽让我心如刀绞，钻心地疼。您努力地想说点儿什么，但发不出一点儿声音。我知道，奶奶，您是想嘱咐我们，您是对我们不舍呀！

终于，您发出一阵急促的喘气声，大伯含着泪将您扶起，我们也赶紧去给您捶背，我好害怕您离开。

过了一会儿，您的喘息声小了，大伯将您轻轻地放在床上。我以为您已经好一些了，又可以陪伴我们一段时间了。谁知，这竟是您在这个世界的最后时刻。

您离开了我们，离开了您留恋的我们，离开了这个世界，去了天堂。而我，在您离开的时候，感觉失去了整个世界！

从这一刻起，奶奶，我知道我病了，我患了相思病。因为我永远都会思念一个永远不回来的人，那个人就是您啊，奶奶！

奶奶，我又想您了！

妈妈，我不想要叛逆期

王新苗

屁大点地方母亲竟扫了半个多小时。我的急性子上来，一下子就发火了——请注意，我是在朝母亲发火！

事情是这样的：那天，在母亲的耐心劝说下，我终于答应和母亲一起打扫家务。需要说明的是，我在家里是从来没有参与过这类劳动的。所以我的一个小小的允诺，竟然让母亲欣喜若狂。我能看出母亲脸上那少有的异样的惊喜表情。

工作的具体分工是母亲扫地我拖地，可不知是由于妈妈扫地特别仔细，还是因为我第一次参加大扫除给母亲带来的兴奋，统共三居室的房子，母亲竟扫了半个多小时。这，竟然成为我发火的来由。

现在让我来回想这件事，我朝母亲发火的样子是那样可怕。以至于母亲抬起头，和我两眼相对的时候，我发现母亲看我的眼色中竟有些胆怯……请原谅我不能真实描述这种胆怯，我不忍心，真的不忍心。请相信我现在已经长大了。

可当时我是那样大逆不道，那样不肖又不敬，竟一气之下把门一摔回到了自己的房间。这怒冲冲重重地一摔，把可怜又无助的母亲甩在了身后……

片刻之后，余怒未消的我透过玻璃窗口看去，不经意间看见母亲扶着拖把，久久地望着我的房间门，怅然若失……

就在那一刻，我忽然觉得妈妈老了许多。感觉那一刻的妈妈是那样无助，那样忧伤，那样弱不禁风……

听了张老师的母爱一瞬间作文课之后，我意识到我曾是那样的荒唐，那样的不肖！好妈妈，亲爱的妈妈，请让女儿对您说一句：妈妈，女儿错了！女儿真的错了！请相信女儿，再也不会这样了！妈妈！妈妈……

大人们常说孩子长到十五六岁都有叛逆期，我今年十岁了，离所谓的叛逆期也没几年了。但是张老师说过一句话，孩子任性是本能，不任性是本事。因此我想鼓足勇气对妈妈说，妈妈，您的女儿一定会成为一个有本事的人。您的女儿不要这样的叛逆期！请相信您的女儿，再也不要有这样的叛逆期！

家乡美

崔勇

我的家乡虽然没有宽阔的柏油马路，但有情趣十足的石子路；虽然没有连绵的群山，但有大片的农田；虽然没有宽阔的草原，但有清澈的河水。

当春姑娘悄然而至时，这儿的景色最迷人了。不信你了瞧：这儿有红的、白的、蓝的、黄的，还有那些叫不出颜色的野花，会使你应接不暇，眼花缭乱。小沟里的河水也解冻了，正欢快的向前流去，好像是要抢着去干什么事似的。成群的小蜜蜂、蝴蝶在大片的油菜花里飞来飞去，扇动着翅膀翩翩起舞，与油菜构成一幅和谐的画面。机灵的小鸟在枝头唧唧地叫个不停，似乎在告诉人们春天来了，给寂静的村庄带来了无限的生机。还有那不引人注目的枝头，也冒出了小芽儿，充满了对生命的追求。多美!

当酷夏来临时，土地里长满了西瓜。你看，那一根根藤条下，藏着一个个漂亮壮实的大西瓜，它们像将要出嫁的大家闺秀似的，躲在里面不出来。这时，有些贪嘴的孩子来了，看着西瓜直流口水，实在受不了就采上一个，瓜主看见了也只是开两句玩笑，不多计较！多好!

当秋风送爽时，高粱累弯了腰，水稻喜黄了脸，石榴胀裂了脸，

棉花笑开了颜，到处一片硕果累累。花圃里，道路旁，那一堆堆、一簇簇的菊花在秋风中摇曳，散发出淡淡清香。

当大雪来临时，大自然便告诉我们冬天来了。村里显得格外幽静，到处都是白茫茫一片。大雪给人们带来了许多不便，但也给我们带来了许多乐趣。我们在雪里堆雪人、滚雪球、打雪仗。我们的欢呼声惊飞了麻雀，吓跑了寒冷。

我的家乡，一年四季都是如此美丽！

黄山之旅

袁 涵

上个星期五到星期天，我和妈妈去了黄山。俗话说得好："五岳归来不看山，黄山归来不看岳"。黄山真是太美了！

一大早，我们便乘上了去黄山的车。三个小时后，我们到达了云谷寺缆车站。

一下车，啊，这里人山人海，简直就像下饺子一样。这时，我才亲眼看到了梦想中的黄山。原来黄山它不是独立的一座山，还是由许多山连在一起，每座山都高耸入云，山尖上云雾弥漫。

黄山不像其他山一样，满"身"树林，而是"下身"绿衣服，"上身"土黄的岩石。我想，之所以叫黄山，应该与山上的土黄色岩石有关吧。

排了好半天的队，我们终于坐上了缆车。车行驶了一半，从半空中我第一次近距离地欣赏到了黄山独有的美景：远处山峰中部以上白云飘飘、云雾弥漫，好似神仙居住的琼楼玉宇一般；近处山峰一座接一座，好像一面下面长满“青苔”的土黄色护盾。

忽然，一只“小石猴”出现在不远处，正在低头看着底下的云海呢！我惊喜地叫起来：“那不是课本上说的‘猴子观海’嘛！”

这只是开始，书本上所见到过的景色在后面的旅程中一一展现在了我的眼前。而我印象最深的是“飞来石”“迎客松”。

“飞来石”是山顶一片平地上那块摇摇欲坠的大石头。听说这块大石头已经那样摇摇欲坠了很多很多年都没掉，真是太神奇了！难怪在传说中，这块大石头会是从天上飞来的，要不，怎么会有这样的奇迹?

“迎客松”在百步云梯的尽头，它位于玉屏峰东部，文殊洞顶。松破石出，形态优美，寿逾千年，是十大名松之冠。它如同一位好客的主人一样，伸展着手臂迎接来自四面八方的客人。这，也是它得名的原因吧。而我对它印象深刻，主要是它的知名度太高了——人民币上有它，各种画中有它，甚至人民大会堂也有它的身影。可以说，它就是黄山的代言人，安徽的代言人。

除了迎客松，黄山上的每一棵松树都很奇特。它们的枝丫只往一边长，树冠像把绿色的大伞一样。这大概与它们生长的环境有关吧。

下山的途中，天下起了雨。这儿的雨也很奇特，时而毛毛细雨，时而瓢泼大雨，不过，一点儿也没影响我们的游兴，反而为我们的黄山之旅增添了别样的乐趣。

难忘的黄山之旅在这样的雨中结束。来到黄山脚下，再次回望黄山，依然那样云雾迷漫，那样美丽壮观。心里暗暗与黄山道别——再见了黄山，有机会时我还会再来拜访你！

墙缝中的小白菜

宛　羽

在我们的生活中，有许多平凡的不能再平凡的小生命，但常常让你在不经意间感动，心灵不由自主地被深深震撼。

一个周末，我偶然在小区发现了一棵小白菜。这是一棵普通的小白菜，同样绿色的叶、白色的杆，长得和别的白菜没有什么两样，很不起眼甚至还有点孱弱，但它却让我产生了深深的敬意——它居然生长在一个狭窄的墙缝中。这处狭窄的墙缝中，怕是积累了一丁点儿风吹来的泥土，它便在这儿生出根来。它所需要的水呢？应该是下雨时才会有吧。它所需要的阳光呢？应该是傍晚时候才能有一丝光线眷顾吧。可是，不管环境如何恶劣，它还是顽强地生长起来了，而且长得精神抖擞，长得意气风发。我不禁惊讶于它顽强的生命力了。

看着这棵小白菜，我不禁想起了那些和这棵小白菜一样具有顽强生命力的人了：伟大的女作家海伦·凯勒、中国的保尔张海迪、著名的科学家霍金、星光大道上的盲人歌手杨光……

特别是中国的张海迪，她五岁时患上了脊髓病，胸部以下全部瘫痪，十五岁时却给孩子们当起了小老师，还自学针灸，为乡亲们无偿治病。在残酷的命运挑战面前，她始终没有放弃和沮丧，总是对人生充满了信心，撰写了《向天空敞开的窗口》《生命的追问》《轮椅上的梦》等著作，获得了全国“五个一工程”图书奖。她的生存环境如同这棵小白菜一般，可是，怀着“活着就要做个对社会有益的人”的信念的她也如同这棵小白菜一般，努力生长着，对社会对人类做出了卓越的贡献。

是的，这是一棵毫不起眼的小白菜，也是一棵让人震撼的小白菜。而如果我们能像这棵小白菜一样，在困难和挫折面前不低头，那么无论多么渺小，都会绽放出属于自己的耀眼光彩。

秋天，真美！

刘一颖

轻轻地，缓缓地，秋天向人们迈步走来。它不像春天一样羞涩、妩媚，也不像夏天一样袒露、炎热，更不像冬天一样寒冷、内向……

秋天悄悄地来了，来到了公园、田野、果园，给大地换上了成熟、迷人的秋装。

我走进公园，阵阵秋风吹来。满地的红叶好像朝霞布满天空那样撒满大地，真是让人陶醉在如诗如画的美景中。看！这路边菊花开得那么鲜艳，它们在秋天的呼唤声中，一个个争先恐后地释放出自己的美，盼着能吸引人们赞赏的目光。一阵阵秋风吹来，那枫树上的叶子好像一片片火红的信笺纷纷落在了大地上，那是枫树写给大地的感恩信。

我又走进了田野里，虽然已有落叶，但整个大地洋溢着丰收的喜

悦。瞧，稻谷正在向秋姑娘热情地打招呼呢！秋姑娘第一个把稻谷变成金灿灿的颜色。大豆弟弟笑破了肚皮，棉花妹妹也咧着嘴笑着，露出白白的牙齿。抬头仰望天空，大雁告别了秋天，排成了一个大大的‘人’字形向南方飞去，小燕子也准备飞去南方，在天空中叽叽喳喳好像在说："再见了朋友们，来年春天我们再相见。"

我来到果园里，哇！一派丰收的景象。一个个小柿子笑红了脸，仿佛一盏盏小红灯笼挂在枝头，石榴也俏皮地咧开了小嘴，露出晶莹剔透的籽儿。那沉甸甸的大鸭梨挂满枝头，压弯了树枝，光看着都让人口水直流。苹果们有的仰着头，有的躲在树叶下，有的两三个抱成团显得格外亲切。

我喜爱秋天的秋高气爽，喜爱秋天的硕果累累，秋天给我的一景一画在我的脑海中明朗、清晰。我因此而喜爱秋天，秋天真美！

急性子的我

董家梅

我是个急性子，做什么事都只图个干净利落。别人用十分钟才能吃完的饭，我用不了五分钟，三下五除二就完事了。

因为我的性子非常急，所以最讨厌也最怕爸爸让我烧开水。因为烧开水可由不得我，火候不到，我再急也没用，只能慢慢等。可不知为什么，爸爸总喜欢让我烧开水。

今天，爸爸上班前又命令我烧两壶开水，这可令我烦恼透顶了。

别说两壶，一壶我都感觉要崩溃。可“父命不可违”，我只好唯命是从了。

我拿来水壶灌好水，为了快，我就把自来水龙头开到最大。“哗哗”的自来水喷涌而出，像要挤破那只小小的龙头似的。这水倒还真挺像我！看着那快速上升的水面，我暗自得意地想。不料，水壶满了后，因为龙头开得太大，一下关不实，水都溢了出来，洒了一地。唉，真是的，又得处理地面上的水了。

处理好地面的水后，我将水壶放在煤气灶上烧着，自己则坐在一旁的椅子上等着。可才等了十来秒，我就感觉心里有千万只蚂蚁在爬，痒得实在难受，两只脚不由自主地移到了门口。谁让窗外小伙伴们的欢笑声那么响亮呢！

“去玩一会儿吧，反正水还没开呢！”我暗自想道，“玩一会儿再回来也还不迟。再说，就在门口玩，水开了也能听得见。”可又有一个声音告诫我，“不行，万一忘记了，水壶烧坏了，或是煤气爆炸了可不得了。”想到这儿，我只得又缩回了刚刚跨出门槛的脚，不声不响地又坐在椅子上。

刚坐半分钟，又觉得心里急得不得了，半分钟比半年都长。“哎，这水怎么还没动静？”我跑到煤气灶旁，打开水壶盖往里看了看，水好像故意和我过不去，就是不冒气。我泄气了，没精打采地拨弄起一旁的玩具枪。

好不容易，水壶有了点儿动静，“哼”声越来越响。我高兴地在煤气灶前踱来踱去，嘴里数着“一百、九十九、九十八……”谁知，一直数到“零”，那水壶还在“哼哼”着，不见开。没办法，只好重数。

终于，水壶扯开嗓门叫了起来，我一蹦三尺高，连忙把煤气灶关掉，去拎水壶。“哎哟！”我只顾早点儿把水灌进水瓶，却没料到水壶把手早已被火烤得烫手，根本没法拎。

“咣当！”水壶掉在了地上，开水溅了出来，溅到了我的脚上，流的满地都是。

望着洒了一地的开水，摸着烫得通红的双脚，我想哭，却哭不出来。唉，都怪我这急性子啊！

我不迷信了

薛　蕊

我有一块美丽的玉，它是心形透明的，上面还有条可爱的小狗。这是爸爸妈妈在我十岁生日时送我的礼物，因为我属狗。

我非常喜欢这块玉，一直把它带在身上，从不摘下来。除了这块玉很漂亮，我还有一个小心思——因为我认为，这是我的“护身符”，可以给我带来好运的。可哥哥只要听到我这样说，都会来上一句：“小丫头，真迷信！”然后就高谈阔论一番破除迷信的典型事例，从西门豹到打碗碗花，百说不厌，讨厌极了！

为了还击哥哥，我一直在瞅着机会。终于有一天，机会来了——那天下午，我要考试了！我特意跑到哥哥面前对哥哥说：“今天下午的考试，这块玉一定能保佑我考一百分的。”哥哥不以为然地反驳我道：“如果真能考一百分，说明它真是你的护身符，迷信有用，如果不能，那就说明迷信它是根本没有用的！”听哥哥这么说，我可高兴了，因为我有机会证明这块玉真的是我的护身符了！我使劲点点头，双手捧着那块玉，狠狠地亲了它一口：“玉啊，可别辜负我的期望！

要知道，我可把所有的希望都寄托在你身上了！”

可事与愿违，试卷发下来后，我只考了九十四分。说好的一百分呢？我内心非常失落。

放晚学回家后，见了我，哥哥第一句话就问道：“有没有考到一百分？”我不好意思地轻声说道：“没，没，只考了九十四分。”想了想，我又对哥哥说道：“哥，我再也不迷信了！”

哥哥拍了拍我脑袋，笑着说：“这就对了。戴这样一块玉，表示的是大人对你的祝福。你只要记住爸爸妈妈对你的爱就好了，可不能真将所有的希望都放在它身上！”听哥哥这么说，我不好意思地点了点头。

现在，我不再迷信这块玉了。我知道，这块玉代表的是爸爸妈妈对我美好的祝福，至于这样的祝福能不能成为现实，还需要靠我自己的努力。

我的大脚

舒亚婷

我，一个六年级学生，脚却长得出奇的大，和妈妈的脚不相上下。这，快成了我的心病了。

有一次，妈妈的拖鞋找不着了，就只好穿我的小拖鞋。可奇怪的是：妈妈穿我的拖鞋正合适，这让一旁的我看得目瞪口呆，半天都说不出话来。我看了看自己的那双大脚板，再瞧瞧妈妈的脚，惊讶极了。

有时候，表哥来我家，总喊我大脚妹。我很生气，对妈妈说了，本来还以为妈妈会找表哥算账，但没想到，她只是低低地对我说："谁让你的脚那么大？"唉，我只好认了。

从此，我不可以再放任我的脚了，我向妈妈求助，妈妈为我研究了一份"收脚"计划：一、每天必须穿紧小一点儿的鞋子。二、在家里只能穿紧布鞋。三、睡觉时不能光着脚，要穿紧袜子。一开始，我穿着小一号码的鞋子到学校，看着同学们那小家碧玉般的脚，心里很不是个滋味。双脚被小鞋子紧紧地套着，火烧火燎的更是难受。回到家里，我迫不及待地给脚放松放松，可妈妈闻风赶来："亚婷，快把布鞋给换上！"没办法，我只好遵命。因为我的脚撑破了好几双鞋子，所以买鞋的次数很多。妈妈带着我跑遍了鞋店，人家总是挥挥手说："还是去成人柜吧，你女儿的脚太大了。"我只好尴尬地拖着妈妈走。

没办法，我只好自己安慰自己——电视剧《乡村爱情》里有个乐观的大脚婶， 我有双大脚，生来如此，何必为此烦恼，自然才是最好的。

可虽然这样说，在心里我还是为我的这双大脚烦恼。

栀子花开

起初，我很难过，但转念一想，每一种花都有自己的花期，只要耐心等候，在下一年栀子花开的时节，我还能见到这美得朴素、自然的栀子花，也就释然了。

四季的歌声

陈佳楠

四季的歌声，你用心聆听了吗？

听！“滴答滴答”这是春雨的声音。春雨如丝如缕地飘落大地，天空中垂下了珠帘，伸手触摸雨滴，轻柔、舒服，细腻中还带着温柔。当所有的花儿躲在温室中怕“感冒”时，迎春花却不畏严寒，在春雨中绽放，展现自己的姿容，似乎在对人们说：“春天来啦！”春天，到处充满着生机勃勃的歌声。

听！“啪啪啪”这是夏天雷阵雨发出的声音。豆大的雨点打在窗户上，发出“欢快”的声音，正是这声音带走了夏天的炎热与焦躁。中午的时候，知了在树上“知了知了”地叫着，似乎在诉说着：“好热好热。”傍晚时分，小青蛙在池塘里“呱呱呱”地叫着，好像在开演奏会，这声音打破了夏日宁静的夜晚。夏天的歌声真是与众不同，到处充满着热闹的气息。

听！“哗哗哗”这是秋天成熟的小麦被风吹过时发出的声音。成熟的小麦笑弯了腰，随着秋风有节奏地舞蹈着，金色的海洋在涌动，形成了一道美丽的风景。麦田里，拖拉机发出“轰隆隆”的声音，一捆捆麦子被这声音送向远方，农民伯伯们在田地里说笑着。秋天，传来了一阵阵丰收的歌声。

听！“簌簌簌”这是冬天下雪时发出的声音。伴随着呼呼的北风，雪花洋洋洒洒地飘落下来，落在了地面上，不一会儿，便已是厚厚的一层。人们踩着厚实的雪地里发出“吱吱”的声音，到处白茫茫的一片。冬天，充满着别样美妙的歌声。

四季的歌声多么美妙，你用心聆听了吗？

美丽的山茶花

吴桠琪

春天，山茶花开了。那漫山遍野红艳艳的花儿，那么夺目、那么可爱，就像红色的绸缎，吸引着人们的眼球！

那绽放着笑脸的山茶花层层叠叠，开得芬芳馥郁，欢快舒畅！她们有的缀在枝头“荡秋千”，犹如一位正在表演杂技的少女；有的挂在枝腰，张大着嘴，在用甜美的歌声欢唱着春天的到来；有的用绿叶遮住半边脸，似乎很害羞，又好像在跟人们捉迷藏……每朵山茶花上，小花瓣中都有淡黄色的花蕊点缀着显得十分清雅！

清晨，露珠沾在柔滑的花瓣上，在晨光的映衬下，花儿更加动人了。一阵微风吹来，山茶花晃晃悠悠，就像一位亭亭玉立楚楚动人的少女跳着优雅的舞蹈，还有红蝴蝶在为她伴舞，连露珠都不忍心打扰她们，悄悄地从花瓣上滑落下来！

山茶花，你是春天里的一抹红霞，我爱你！

栀子花开

朱　韵

坐在窗前，耳边传来歌声，“栀子花开，如此可爱……”眼前仿佛浮现出了栀子花那朴素的花影，鼻端也仿佛隐隐传来栀子花那特有的香味。

很小的时候，奶奶家的后院里有好几棵栀子花树。每到栀子花开放的时候，奶奶总会摘下一大堆来，养在几只碗里，摆放在各个房间。偶尔，奶奶还会拿两朵插在我的发辫上，那时的我，感觉有了这两朵栀子花，自己就美成了仙女。

后来，我离开了老家，随着父母来到县城读书。县城里几乎见不到栀子花，只能偶尔见到乡下老人拎着篮子卖。但凡见到，我都会买上几朵。只是，那偶尔得到的几朵栀子花过不了几天就会枯萎，而我也从来不敢把花插在头上——在城里的孩子看来，这是很土气的事儿，我怕同学们的嘲笑。

那天，我走在放学回家的路上，看见一个农村打扮的小女孩儿，头上插着两朵白白的栀子花。见到这个小女孩儿时，我停下了脚步，因为我在她身上看到了那久违的质朴、快乐，看到了小时候的我。我终于明白，其实土气只是不懂得欣赏栀子花那朴素的、自然的美的人才会有的感受。

奶奶到我家，如果时节对头，偶尔也会带几朵来。照例会把这些栀子花养在水里，说是可以延长花开的时间，让它能多芳香一点时间。我试过，果然如奶奶说的那样。只是，奶奶家的栀子花蕊里总会有很多小虫子，不过我依然喜欢——这些小虫子，使花儿多了份泥土的气息。

但不管怎么呵护，摘下来的栀子花还是很快就枯萎了。花期过了，街上也就没有卖花老太太的身影了。我对时节并不敏感，有时会问妈妈为什么见不到有人卖栀子花了，妈妈便会告诉我，栀子花下市了。起初，我很难过，但转念一想，每一种花都有自己的花期，只要耐心等候，在下一年栀子花开的时节，我还能见到这美得朴素、自然的栀子花，也就释然了。而积攒了一年时光后，再次见到的栀子花一定会愈发地美，愈发地香……

耳边那何炅的《栀子花开》依然隐隐传来，“栀子花开，如此可爱……”是的，如此可爱的栀子花，值得我一年的等待。

聆听春天

陈柏聿

扬州瘦西湖畔，一片春天的景象，充满了春天的声音。

鸟鸣争先，漂亮的黄莺就像高贵的皇后，一身金衣，在天边穿梭。它们兴高采烈，啾啾鸣叫，整株树上缀满欢乐的音符。疾速飞行的黄莺像一只利箭呼啸而过，洒下一串婉转动听的跳跃歌声。麻雀虽小，但无数麻雀栖上枝头，像个“麻雀合唱园”，就颇有阵势了。“叽叽喳喳！春天来了！春天马上就来了！”一只只麻雀张开自己的小嘴，忘情地歌唱着。它们虽身着相素，但灵活轻快的歌曲却不输于黄莺。“啾啾”“叽叽” 麻雀和黄莺对着山歌，瘦西湖的每一棵树上都要飘扬着春日的旋律。水面的黑天鹅也毫不示弱，张开美丽的羽毛，鲜红的蹼掌“啪啪”踩着水，伸长柔软的脖子，“吭吭”鸣叫，趾高气扬，完全不把身边同样卖力歌唱的绿头鸭放在眼里。

鸟且鸣，树亦语。冬天过去了，汁液欢快地在树的身体里流动，年轻的柳树骄傲地晃动自己柔软的枝条，“哗啦，哗啦”，绿色的音符，野兔般灵巧地在树梢间跳跃。一棵棵树低吟着无声的歌曲，让人心头莫名地舒畅。年纪较大的梧桐明显稳重的多，它们用低沉浑厚的声音说：“这里有梧桐的果实哟！”洪钟般富有磁性的声音回荡在林间，海啸般荡宕着心中的不快。连树汁都如流水般在树中欢快地舞蹈，跳出火热的舞步。

花朵虽娇，却也参加了合唱。雨刚过，被打的蔫头耷脑的二月兰，迅速挺直，第一个叫嚷开了，“我们是二月兰，是二月兰……”它们兴奋地左摇右摆，边唱边跳，花海中荡漾着它们的歌声，如野火般迅速传遍四周。流云般不可控制，龙卷着大地。桃花纷纷扬扬地飘落，精灵般在空中旋转、翻滚，在树下舞兮舞兮。桃花轻轻地吟唱着，像一条小溪，叮叮咚咚，一个个短促的音符正释放着自己的活力。也有的桃花十分浪漫，张开一个个饱满的花骨朵，奏出钢琴曲般行云流水连绵不断的小调，缠绵幽远，回荡在一座座古老的小亭边，穿梭在兴奋的湖水间，飞扬在潮湿的空气中，飘飞在人们的心坎进里。一道道无声的谱曲，自由穿行在瘦西湖上，它看不见、摸不着，来无影，去无踪。可任何人都感受到它在身边游弋徘徊。

流水乃匆匆过客，却也不甘落后，从冬季的呆滞、迟顿的休眠中醒来，充满活力的水舒畅了许多，告别了冬日的凝滞，瘦西湖步入春

的轻盈。湖面微波泛起，轻柔地拍打岸边，像一首摇篮曲，更像一声声伴奏。春日的合唱，翻飞在瘦西湖上。

聆听瘦西湖之春：灵也！巧也！美也！活泼也！欢快也！自由也！春之声虽必将逝去，却长留人心头。

真正的爱心是什么？

宋雨薇

一个小男孩，蹲在墙角，用酸奶、火腿肠和面包喂着几只灰灰的、瘦骨嶙峋的流浪猫，还细心地撕开酸奶的封口，将火腿肠与面包撕成一小块一小块，让小猫吃得更方便……这是一篇名为《爱心》的文章中所讲述的故事。

读了这篇文章，我思绪万千，心潮澎湃。“爱心是什么？”我不禁陷入了沉思。

以前，我认为爱心就是为生病的孩子们捐款，捐许许多多的钱。可是，看了这篇文章后，我对“爱心”的理解更深了一层。

记得有一次捐款，我很想捐一百元，可我的储蓄罐中只有五十元，财力明显不足。我便向妈妈要钱。妈妈沉吟了一下对我说：“小雨，妈妈并不是不想让你多捐些钱，只是妈妈认为……”“什么认为不认为，你不过是小气罢了，不就是五十元钱吗？上次我们班还有捐两百元的呢。不给算了，吝啬鬼！葛朗台！”我生气地冲妈妈嚷嚷后，一摔门进了我的房间。

那次，我只好捐了五十元，而捐得最多的同学竟然捐了三百元！那几天，我总是有些不高兴，怨妈妈没有拿钱给我，好让我多捐些风光一下。

可当我看完这篇文章后，我突然又想起了这件往事，也猛然顿悟了：爱心，并不一定只表现在捐多少钱上。对那些病人来说，一张贺卡、一句祝福有时也是极大的安慰。

爱心到底是什么？可以是一张贺卡，让人感受到被祝福的快乐；可以是一枚硬币，让无奈行乞者感受人间的温暖；可以是一包食物，使一只小狗免受饥饿；可以是一杯水，让干渴者倍感清凉……

其实，爱心不是攀比、炫耀这些为自己着想的东西，而是为他人带来幸福、快乐与温暖。只要能够尽最大努力，给予了他人自己应尽的帮助，你就拥有了一颗爱心。

所谓“赠人玫瑰，手有余香”，说的就是这个道理吧。

爱与感动同行

——读《藏羚羊的故事》有感

邢潇予

每当我读到《藏羚羊的故事》一文时，就感慨颇多，感动万分！

《藏羚羊的故事》一文记叙了一只老羚羊冒死截车救助小羚羊的故事，全文表现了老羚羊对小羚羊无微不至的关爱。老羚羊那日夜对

孩子的牵挂与思念，更让人感动！

是啊，动物间的这种浓浓亲情尚让人如此感动，我们人间的温暖不也是如此吗？我的周围不也是时时有着许多的感动吗？爸爸的抚爱，妈妈的照顾，老师的耐心，同学们的友爱，哪一样不令我回忆，不令我感动呢？

记得那天早晨，天阴得很沉，上学走时，妈妈再三嘱咐我带上雨具，倔强的我，照样我行我素，一溜烟地上学去了。

天有不测风云，中午临近放学，大雨倾盆，哗哗而下。我望着窗外的雨帘，后悔自己没听妈妈的话。“妈妈会给我送伞吗？”我的心里一直嘀咕着，全然没有听到老师下课前讲的那些话。

放学了，同学们陆续走出校门，我站在一家门店的房檐下等着雨小下来。望着路上的行人越来越少，我的心更急了。东张西望的我忽然感到背上一疼，是谁在拍我？扭身一看，原来是妈妈来接我了！看着焦急无奈的我，妈妈边埋怨我，边迅速地给我穿上雨衣。这时，从妈妈脸上流下来的雨滴正好打在我的脸上。那雨滴凉丝丝的，可我的心里却涌起一股暖流……

读《藏羚羊的故事》，爱与感动就那样静静地在我心间缓缓流淌……

笑对人生

——读《出卖笑的孩子》有感

陶姗姗

暑假里，我读了一本特别精彩的好书——《出卖笑的孩子》，这是德国著名儿童文学作家詹姆斯·克吕斯的作品。

在这本书的封面上，画着一个穿格子西装的男士，名叫勒菲特。他的旁边画着一个张着嘴哈哈大笑的男孩，名叫蒂姆。勒菲特手里举着一张契约，那是一份关于他与蒂姆之间的“笑的契约”。那么，这又是怎么回事呢？别急，听我慢慢道来。

男孩蒂姆与格子先生勒菲特做了一笔交易，蒂姆把自己的笑卖给了这位神秘的格子先生，得到了每赌必赢的本事。蒂姆赢了很多钱，但因为他失去了笑，生活变得越来越乏味。于是，他发誓要追回自己的笑。

在追回笑的岁月里，蒂姆逐渐变得成熟起来，冷静起来。他与格子先生明争暗斗，一次又一次地较量，但一次又一次地失败；一次次的差点夺回笑，又一次次地失去了将要到手的笑。他很富有，却并不快乐。最后，在朋友的竭力帮助下，在他自己不懈的努力下，他终于赢回了自己的笑。

读完这本书，我感受到“笑”的重要性。生活里虽然不能没有金钱，但更不能没有笑。没有笑的生活是无聊的、苦涩的、乏味的，如同没有加盐的菜；没有笑的世界是晦暗的、阴沉的、荒芜的，如同没有水的海。以至于有人说，将人和动物区分开的，就是笑。所以我们要珍惜笑，因为它是世界上最美好、最可贵、最重要的东西！

另外，蒂姆在有些方面也非常让我佩服，如：他遇事沉着冷静，绝不惊慌失措；他会运用智慧斗争，绝不盲目逞强蛮干；他会控制感情，绝不让勒菲特有可乘之机……

虽然蒂姆曾失去过他的笑，但我觉得，他一直是“笑”对人生。

《江畔独步寻花》改写

宋国豪

春天来了。放眼望去，大地呈现出一派勃勃生机。红的花，绿的叶，在明媚阳光的照耀下，愈显得透亮鲜艳。听，鸟儿在树枝上叽叽喳喳，仿佛正在唱着春天的交响曲迎接春天；看，燕子排着一字队伍落在树枝上，也正在为春天谱写赞歌！春光真美！

这天，阳光明媚，和风习习，大诗人杜甫怎么也耐不住春天的诱惑，准备出去郊游了。

一切准备停当后，杜甫迈出家门，一路欣赏春天的美景，不时发出“啧啧”称赞。

不知不觉中，大诗人来到了黄师塔前。望着眼前的高塔，杜甫不由想到了自己一生坎坷的经历，不禁慨叹道：这儿真是修身养性的好去处。

继续迈动脚步前行，慢慢欣赏着沿途的景色，不一会儿，杜甫便听到哗哗的流水声。原来被春光吸引着的他，已经不知不觉间来到江边。江边的景色多迷人啊！看，江边垂柳成荫，柳条舞动着婀娜的枝条，更显窈窕，倒影在江水中轻轻摇曳，又为垂柳增添了几分姿色。瞧，那是什么？桃花！阳春三月，正值桃花盛开时节，一丛丛，一簇簇，一团团；深红的，浅红的、粉色的……姿态万千！杜甫深为眼前的桃花吸引，看看这朵，摸摸那枝，真不知该为哪种颜色的桃花喝彩！

这时，春风吹来，一股股清香迎面扑来，更让杜甫陶醉其中，望眼前美景，杜甫诗兴大发：

黄师塔前江水东，春光懒困倚微风。

桃花一簇开无主，可爱深红爱浅红？

“六格”之旅

胡怡璐

“小咪啊，喝完牛奶就去李老师那儿学画，可一定要好好画哟！”妈妈摸摸我的头说。

“知道，知道了！”我不耐烦地头也不回跑掉了。身后传来妈妈焦急的声音：“你的画板还没带……”我可不管，没带才好哩，就不用画那些无聊的东西了。整天画、画、画！我愤愤地想。

在通往李老师家的那条小径上，我发现了一个“跳房子”用的大方格。方格是普通的方格，共六个，与我通常喜欢玩的八格差不多。我漫不经心地跳上了第一格。

一阵天旋地转，我好像落入了一个吸盘。在向下坠落了许久之后，我意外地回到了家里。

我看见一个小女孩正躺在一个女人的怀里，而那女人正是我的妈妈！这女孩子是谁，凭什么赖在我妈妈的怀里不起来？我气极了，一下子扑了过去，可是……啊！

我径自穿过了她们的身体，扑在了地上。我惊呆了！重新爬起来，大声哭喊道：“妈妈，您不认识我了吗？您怎么不喊我呀！”可妈妈看都没看我一眼，目光紧紧跟随着她怀中的女孩儿的一颦一笑，自顾自地说：“小咪啊，你要快快长大，成为一个优秀的宝宝……”我不禁放声大哭，妈妈竟不理我了。

突然，又是一阵天旋地转，我又回到了林中的小径上，脸上还挂着泪水。低头一看，格子中竟然写着“妈妈对你的爱”。

朝其他格子看了看，发现上面都分别显现着字迹。毫不犹豫地，我踏上了第二格——“你对妈妈的态度”。

像上次一样，我又来到了一个虚拟的世界。这下，不是年轻的妈妈抱着一个小女婴，而是妈妈牵着一个五岁左右的孩子。这次我清楚地看出，这个孩子就是五岁时的我！

五岁的我一会儿嚷着腿痛，一会儿喊着口渴，妈妈跟在后面不停地哄着我，可我还是“哇”的一声哭了起来。为了哄我开心，妈妈连忙在小摊上买了一个拨浪鼓递给我，可我看都不看，抓起它就往地上扔去。瞬间，拨浪鼓就四分五裂了。

看到这一幕，我感到异常的羞愧。想到今天早上对妈妈的无礼，我更加的后悔。我在心里暗暗对自己说：“我以后一定要听妈妈话，爱妈妈，不再对妈妈大吼大叫！”眼前红光一闪，我又回到了方格前。

我准备先回家，和妈妈说声对不起，可感觉有一只无形的大手紧紧地抓住了我。这时我的耳畔也传来了一个虚无缥缈的声音：“孩子，这个方格是专门为你设置的，走完它吧。”我的脚不听使唤地踏上了“李老师对你的良苦用心”这一格上。

这次，我出现在即将要去的李老师家。

李老师正站在我的背后，指点着我怎么去画。一会儿给我调颜料，一会儿给我端杯水，一会儿又细细地端详着我的画……等我画完后，她拿起我的那幅画赞叹道：“真了不起，比老师小时候画得好多了。”我高兴地咧开嘴笑了。

突然，眼前的场景换了。我知道我又踏上了“你对李老师的态度”这一格了。因为眼前的这一切是那么熟悉，就是几天前才发生的。

满地都是纸、笔、颜料，我站在这一片狼藉处大喊大叫：“什么破东西都让我画，什么怪东西都让我画，一天到晚画这些没用的。我要画美羊羊，我要画喜羊羊，我要画灰太狼……”

李老师叹了口气，俯下身对我说：“小咪，这是基础，打好了基础画什么都可以的。”我猛地推开李老师，大声尖叫着：“我不要什么基础，我只要画美羊羊。”撒开腿跑了出去……

羞愧难当的我不敢再看下去。大叫一声“对不起”！我又回到了现实的世界。

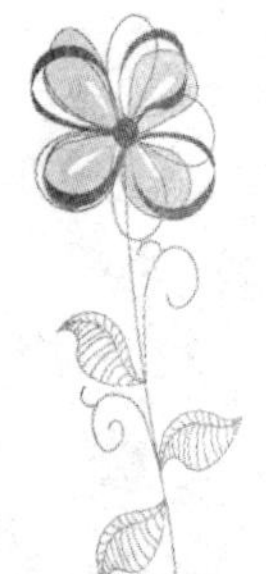

站在剩下的“黑暗未来”和“光明未来”这两格前，我再也没有了勇气走进去。那个声音又传来过来：“孩子，你一定要走完这两格。走完这两格，你会懂得很多的。”这声音让我平静了很多。定下心来，我勇敢地跨出一步，踏上了“黑暗未来”。

我来到了一个让我心惊胆战的黑暗的小巷里。一个模样十六七岁的少女正在和另几个青年男女在喝酒聊天。那个十六七岁的少女分明就是我啊！看着未来的我那玩世不恭的样子，我感到一阵阵恐慌。

“这么晚出来，你妈妈不管你啊？”一个女孩儿问道。

“不管？管！”未来的我神情自若地回答道，“管就能管住？也不想想我是谁！我是小咪啊！小咪说管就能管住的吗？”……

再也不敢看，再也不忍听，我使尽全身气力挣脱回来，用力踏上了最后一格——“光明未来”！

我来到了一个图书馆里。现在出现在我面前的，是一个温文尔雅的女学生。穿着干净整洁的校服，正聚精会神地看着一本好书。周围的人都在窃窃私语：“这就是那个一班的才女啊！”“好认真哟！”……

看完书，她走出学校图书馆时，手机响了。“妈，我在学校很好，您好吗？您要好好照顾自己啊……”

一个声音响起来，我惊奇地发现，这声音居然从我的嘴里发出来的：“孩子，这就是以往的你或将来的你。你可以成为一个优秀的孩子，也可以成为一个坏孩子。快去为你之前做的错事去弥补吧，改掉你的坏习惯，你会成为这样的好孩子的。”

声音一落，我又回到了那六个格子前。“嗯！”我狠狠地点了点头，大声说道，“我会的，我一定要做到。”格子消失了……

现在，趁课还没开始，我得赶紧赶回去！我得告诉妈妈，我现在有多么的爱她！我还要取回我的画板，到李老师家认真学画。对了，我还要向李老师道歉。

撒开腿，我向家跑去……

星光晚会

庄欣雨

“嘿！罗罗，今晚八点，举行第六届星光晚会呢！我们一起去吧！”“好，美美，七点在大榕树下碰头！”“嗯！”“喂！”“嘿！”

咦，森林里怎么如此热闹？噢，原来今晚，也就是8月1日十二时，将举行一年一度的星光晚会呢！

地点在一片一百二十平方米开外的林中空地上。这片空地长满了柔软的青草，点缀着一朵朵娇艳的花朵。此外，这块空地旁还有一个六十五平方米左右的湖，湖水清澈，湖底布满圆圆的鹅卵石。空地中央还有一个大大的树桩。

八点钟，一轮明月，缓缓升上天空，美丽，交接。月亮周围，星光闪烁，月光与星光交织，好似银地毯，静静地铺在大地上，柔和极了。

正当满场的观众渐渐安静下来时，一只美艳惊人的画眉出现在那用花瓣装饰起来的树桩上。她开始自我介绍：“大家好，我是画眉艾丽丝，本次‘星晚’主持人。今晚，我将陪在座的各位一起，度过一个美好的夜晚……”她的嗓音圆润好听，身上散发着花蜜香水的清香。“好，首先让我们来欣赏山林孔雀舞蹈团带来的舞蹈——快乐时光！”

挂在树与树之间的帘子被拉开，九只孔雀鱼贯而出。他们排成三排，树上有其他鸟儿伴唱。孔雀们笑容满面，舞姿热情奔放。时而旋转，时而舒展羽毛，时而高高跃起，五彩羽毛恣意张开、摇摆。当表演结束时，观众们报以热烈的掌声。

接下来是蟋蟀的小提琴演奏《大好山林》。一只身穿黑色礼服、头戴黑色圆顶高帽的蟋蟀起劲又动情地拉着小提琴，琴声悠扬婉转。忽流畅忽跳跃，忽高昂忽低沉，忽奔放忽优雅。六只蝴蝶在他的身后翩翩起舞，使观众们着了迷一样，眼睛都舍不得眨一下。精彩之处，观众们就会忘乎所以，齐声叫好。

接着，七只纯白的天鹅游进湖中，表演《天鹅之舞》。她们脖颈细长，身材苗条，浑身散射着银光。她们时而低头，时而拍翅，时而摇摆，舞姿优雅、完美。

“请大家在晚会最后的四十分钟里，站起来，放松，然后加入‘大家一起玩总动员’！”画眉艾丽丝小姐那娇柔的声音响了起来。顿时，林中空地成了欢乐的海洋。小蚂蚁们爬上树桩，整齐划一地做着体操，他们蹦跳着、欢唱着；蟋蟀坐在草丛里，拉着即兴创作的乐曲《哦，快乐》；天鹅们自在地在湖中，继续着她们的水上舞蹈；孔雀也按捺不住性子，打开她们的五彩洒金扇翩翩起舞；蝴蝶在空中排成队列；猴子们玩起了自己最擅长的杂技；就连最调皮的野兔，也一个劲儿地蹦跶着，想展现一下自己跳跃的本领……

突然，森林大钟敲响了，所有的动物停止了跳跃、欢呼，静静地等待着。当第十二声响声时，画眉艾丽丝大声宣布：“今年的‘星晚’至此结束！祝大家新的一年快乐、吉祥！”人群又爆发出一阵欢乐的叫嚷声：“新年快乐！”

啊，这样的“星晚”多么快乐啊！

盼望冬天

李晨茗

冬天的一个傍晚，天空下起了大雪，雪花扭动着身子，把树上、车上、屋顶上全部都盖上了厚厚的白毯子，整个世界都成了白茫茫的一片。

第二天一大早，我便早早地来到了学校。奇怪，同学们为什么没有玩他们最喜欢的打雪仗，围在一起干什么？

我不由凑了过去。噢，原来他们正围着一个胖乎乎的小雪人呢！“嗨，大家好我叫小雪，来自寒冷的世界，希望我能和大家成为好朋友。”小雪人和大家打着招呼，声音真好听，一下就把大家迷住了。

于是，每当到了下课，大家都去找小雪玩。大家都和小雪开玩笑，说他太胖了，得减肥，便拉着他不是玩跳绳，便是玩老鹰捉小鸡。玩跳绳，小雪真的太胖了，总是会摔个狗啃泥；玩老鹰捉小鸡小雪当鸡妈妈倒行，胖胖的身体能挡住凶恶的老鹰，可他实在胖过分了，动作太慢，不一会儿，鸡宝宝都被老鹰抓走了。小雪很不好意思，可大家仍然爱和他玩。

上课铃响了，我们都去教室上课了，只有小雪一个人孤零零的在操场上。我多想飞出教室，与他说说话啊！可又怕老师会责怪，只好乖乖地坐在教室里听老师讲着无聊的课。

有时候，小雪会趁大家上课时，将过道扫得干干净净。他说这样大家就不会摔倒了。看着他累得满头大汗，大家都劝他别一个人扫，等大家下课了一道扫，他总是笑眯眯地说：“我得减肥啊！”

有一天，大家发现小雪真得瘦了，圆圆的脑袋变得尖尖的了，胖胖的身子也变得苗条了，身上的汗怎么也止不住。大家很担心，劝小雪去看医生。小雪微笑着说：“天气暖和了，春天快来了，我得回家了。”

终于有一天，大家发现小雪不见了。他是回家了吗？我们去问老师小雪的家在哪里。老师指着天空说：“小雪的家在天空，你们看，他就躲在那朵云里看着大家呢！等冬天再来，下起雪的时候，他还会来与大家玩。”

于是，我们又开始盼望下一个冬天早日到来，盼望下一场雪了。

快乐的除夕

陶　涛

除夕终于到了，耶，终于能放松了！终于可以和新概念英语、电子琴、声乐、作业告别了！

除夕的前一天，我和妈妈就上街选春联。挑来选去，总算选中了一幅。上联是“好日子红红火火”，下联是“幸福家快快乐乐”，横批“吉祥如意”。你看，这副春联既工整又大方，读起来感觉朗朗上口，这不正是我想要的吗？趁着爸爸贴春联前，我去楼上楼下“扫描”了一下，发现有几户人家已经贴上春联了。205室贴的是：迎喜迎春迎宝贵，接财接福接平安，横批是吉祥如意。506室贴的是：年年顺景财源广，岁岁平安福寿多，横批是五福临门。最让我记忆深刻的是306室，春联写了什么内容我忘记了，但他家的横批有七个字我却记得清清楚楚。大概是因为这么长的横批很少见的缘故吧。等我楼上楼下看了一遍回来，爸爸已经将春联背后的双面胶给粘好了，就等着我一起来贴呢。爸爸负责往上贴，我负责给他看着是不是正，在我们的密切配合下，春联平平整整地贴到了门上。再看看，真的挺不错的，我俩满意极了。贴好春联，简单收拾了一下，我们便出发，去外婆家过年了。

路上，一想到吃年夜饭，我就馋得直流口水。吃年夜饭多好哇，各种好菜如排骨、鸡、鸭、鱼等应有尽有，各种饮料如牛奶、橙汁也是一应俱全，尽可以放开肚皮大吃特吃、大喝特喝，想吃多少就吃多少。而且，没有人会责怪你，真好！

“开饭啦！”外婆的招呼声打断了大家的说笑，我飞快地跑到了餐桌旁，绕着餐桌手舞足蹈。为何？因为，因为菜香味已经勾起了我的馋虫，我已经馋得受不了了。没等外婆给我夹菜，我已经迫不及待地夹起了一块糖醋排骨吃了起来……

等我吃好喝好，却发现肚子早已鼓得跟一座小山包似的，刚离开餐桌，就不由自主地打了一个大饱嗝，“嗝——”。

晚上七时，我们开始放烟花。哥哥拿了一把“电光棒”，点燃。这时，一个火星在一秒钟内将一条金线从棒子上抽了出来，长长短短的金星金线交织成了一线金网，网住了所有人的目光。

然而，最令我难忘的应属“快乐王子”了。当它喷射出的那一刹那，犹如一棵五彩缤纷的树喷射了出来，红、绿、银、金的星星织成了一棵树，树上还挂着闪闪的钻石……

其实，过年的乐趣还不止这些，用心捕捉，快乐就在你身边。

竞选班长

吴阳阳

这学期，新来的班主任方老师让我们通过竞选的方式来担任班干部。首先要在全班做一次竞选演讲，得票最多的同学就可以担任自己想要担任的职务。

“吴阳阳，你演讲这么好，这次你一定要试试，争取当个班长！”同桌陶梦琴凑到我耳边小声说。“陶媛霞都当了四年班长嘞，我哪行啊！”我底气不足地回答。“没事的，我支持你！”听着她的鼓励，想到班长陶媛霞每天喊“起立、坐下”的神气样子，我的内心蠢蠢欲动。“对！试一试！”我对自己说。

放晚学回家，我一口气写了一篇竞选班长演讲稿。想着演讲时不能拿着稿子读吧，于是，晚上我便在自己的房间里一遍遍地背着演讲稿。

隔壁的客厅里，爸妈在谈论我了：“那丫头，真以为写篇演讲稿就能当班长啊，学习又不拔尖，平时表现也不是特别优秀，真怕她明天没选上，又要受打击！”这是妈妈担忧的声音。听到妈妈的话，我好似三九天被泼了一盆冷水——透心凉！但一想到已经在老师那儿报名了，只得鼓起最后的勇气，继续硬着头皮背演讲稿。要知道，明天的竞选还是要进行的，我可不想没试就退出。

第二天的演讲，我居然被安排在第一个。“苍天啊！大地啊！”我在心中喊道，我还没准备好呢！班上静极了，我的心跳不由自主地加快，双腿似乎有点发软。就在这样的恐慌中，我走上了讲台。看看底下同学那盯着我的眼神，我更加发蒙了，眼睛不知道看哪里才好。

这时，我看到了方老师鼓励的目光，努力定了定神。“开始吧！”方老师轻轻地说。我努力地回忆着昨天背的演讲稿，还好，它们还没有真的溜走。最终，我磕磕绊绊地将演讲稿说完了。

后面同学的演讲我一个字也没听进去，脑子里就是不断出现两个画面：一个是我当上了班长，兴高采烈的回家把这个消息告诉父母；另一个就是如果我没当上班长……结果出来了，我与原班长相差五票，她继续担任班长，我落选了。

下课了看着黑板上的票数，不争气的眼泪还是流了下来。我把头埋在手臂下面，趴在桌上生怕别人看见。“别难受了，我觉得你今天特勇敢，要是我站在台上，肯定吓得一句话都不会说了。”陶梦琴轻声地安慰着我。我知道，她这是在安慰我，但这样的安慰的确使我心安了很多。看着她真诚的脸，真想对她说声“谢谢”，但一直没说出口。我是那种只能将感谢放在心里，却不好意思当面说出的人。

虽然这一次的班长竞选失败了，但我经历了一次难得的锻炼，并且，我和陶梦琴的友谊越来越深了，对我来说，这也是难得的收获。

一场有趣的游戏

张以茹

今天，张老师带我们玩一个有趣的游戏——过“3”“7”游戏。

游戏规则是这样子的：按顺序从“1”开始，遇到3、7两个数字，个位数为3、7的数字，以及是3、7的倍数的数字时，拍桌子不能说数字，出错的人淘汰，最后剩下的人获胜。

“报数！”随着老师的一声令下，游戏正式开始了！

“1！”“2！”“3！”天啊！杨明伟竟然说了“3”！反应过来自己出错后，杨明伟惊慌失措，满脸的无奈，双手直拍打着自己的脑袋，一副后悔莫及的样子。见他这样，同学们更乐了，笑得前俯后仰。也是，不能怪同学们笑话他，这么简单的游戏，怎么能这么快就被淘汰了呢？是不是昨晚睡糊涂了，到现在还没醒呀！

这个插曲过后，快轮到的同学显得紧张起来。看看他们的神态就知道，他们此时的注意力都高度集中，生怕在自己这儿出错。

游戏继续进行。哎呀！一不小心走神了，到我时差点没反应过来。幸好及时收回了神游四海的注意力，才没错过：“10！”

接在我后面的朱庆怡赶紧随着我报到：“11！”不料再下一位的骆俞鹏脱口而出：“12！”大家又是一阵哄笑，唉，都是注意力不集中惹的祸啊！后面，我可得一心一意地对待这游戏了。

随着数字的加大，淘汰的人越来越多，比赛渐渐进入了高潮。最终，只剩下张航、苏美玉和我了。

接着报数：“141、142、143、144。”到我了，老师说不要报一百了，就报四十几就可以了。我大声报到：“45！”张航激动地大声叫道：“错了，45是3的倍数！”唉，一不留神，就掉到老师挖的坑里，被淘汰了！我在心里特自责、特后悔自己没有细心点。要知道，我们的老师是最善于挖坑的。

这时就剩张航和苏美玉了，你看他们，得意忘形，竖起大拇指。我知道他们的意思，不过是吹嘘自己最棒、最牛罢了！不过，他们也真的非常棒、非常牛，注意力这么集中。同学们自发地鼓起了掌。

比赛继续进行，张航和苏美玉的决战到底会谁赢呢？正当大家在窃窃私语猜测时，张航响亮地喊道：“78！”这声音估计在苏美玉听来如天上的仙曲，而在张航自己听来如晴天的霹雳吧！愣了好一会儿，大家才醒悟过来，激动地拍桌喊了起来：“苏美玉！苏美玉！……”苏美玉如同战场上凯旋归来的战士一般，高高举起双手，接受着同学们的祝贺。再看张航，还愣在那儿回不过神来呢！

这游戏可真有趣！下次，一定再让老师领我们再玩一次！

秋 之 声

徐益旸

你们知道吗？秋天它也有声音。你们不信？那就让我带你们去倾听秋天的声音吧。

清晨，天边显现出五彩缤纷的朝霞，小鸟在枝头叽叽喳喳地欢叫，鸟鸣伴随着那香气扑鼻的桂花香飘向远方。树上三两只蝉儿还在唧唧喳喳地鸣叫，它们似乎在喊：“终于不热啦！终于不热啦！”

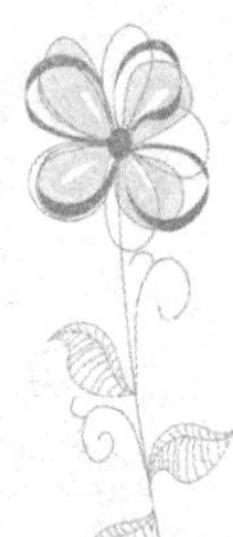

中午，如果你来到小溪边，你不仅可以听到虫吟呢喃声，还可以听到流水发出的哗哗声，两种声音合在一起真是美妙！在溪水中捉鱼虾是一件趣事，在溪水里捞呀捞呀，好不容易抓住了一条鱼，突然鱼一滑，手一松，小鱼“扑通”一声又回到小溪里。它在水里扑腾扑腾地跳来跳去，仿佛在说：“大笨蛋，捉不到，捉不到。”此时，或行走在乡间小路上，望着那一片片成熟的农作物，听着秋风吹响号角。忽然，一串串笑声和一阵阵轰隆隆的声响打破了田间原有的平静。走近一看，原来是农民伯伯的机器在发出声响，机器正在收割成熟的农作物。那笑声是农民伯伯们自己发出的，他们笑着说：“哈哈！哈哈哈！秋天老爷子回来啦！又要赚钱了！终于有收获了！”

傍晚，秋风吹动着枫叶，发出飒飒的笑声。两行大雁带着嘎嘎的叫声穿过夕阳，告别北方，飞往南方……

春之韵是快乐的，夏之歌是热烈的，冬之律是低沉的，而这就是秋之声，美妙之声！

乒乓球赛

顾笑铭

“乒乒，乓乓”，咦，哪里传来的乒乓球声啊？哦，原来它是从我手中的球拍上发出的。此时此刻，我们正在上演一场激烈的乒乓球比赛。

其实，比赛还未开始，战争就已经非常激烈了——我们在打乒乓球前，已经先打了一场口水仗了。“哼，想赢我！痴人做梦！”我率先发炮。对方嘴也不善：“就凭你，还想赢我，不可能！再说了，赢你对我来说就是张飞吃豆芽——小菜一碟！”闻闻，四处弥漫着浓重的火药味，各位千万不要摩拳擦掌敲木头，小心走火引燃炸药。“哼，等着瞧！”“放马过来吧！”我们都放下狠话。于是，另一场激烈的战争拉开了序幕......

我先把脚稳定，狠狠地扎在地面上，拿起乒乓球，一抛，一挥

拍，再一转腰，脚猛地一跺，那声音大如雷，差点把地面震开了一条缝。转眼间，一道白影闪过，笔直的射向对方的球台，球像一个灵活的小精灵，轻巧地落到球台上，又随即弹起来。对方也不甘示弱，猛一挥拍，球像长了眼睛一般，落到了我的反手位。我手一推，心想：小样，还想难为我？嘿，正巧我最近换了长胶，打法就不一样啦，看你怎么办！果然，不出我所料，对方按常规用反手一拨。“嗖”，球不知飞到哪儿去了。看着对方那不甘心的样儿，我不禁有点沾沾自喜了。

随后的比分他就像影子般的缠着我，我八他七，我九他八……终于到了最关键的一个球，十比九，我暂时领先。“嗖”，对方发球，发了个右手近网球，我耍了个滑头，一搓，球高了许多，对手本想来一个帅气的弧圈球，可没掌握好节奏，离球就差那么一点，只见那球就像躲灾星似的越过了他的头顶，跑到了他的身后。我得意地冲他笑：“哼，想赢我，再慢慢修炼五百年吧。”

就这样，一场比赛就落幕了。各位看官，如果你也不服我的球技，欢迎随时和我切磋切磋哦！

雨的印记

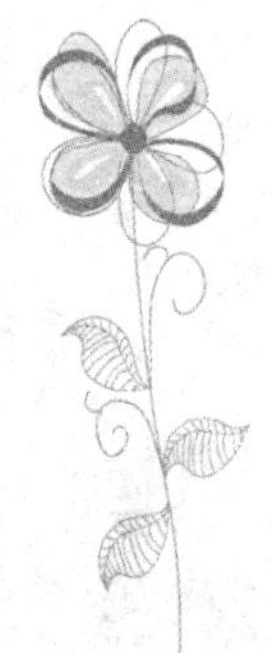

今天的天空灰蒙蒙的，不同于平日的蓝天白云那么清晰可辨。今天的天空正好与云朵撞衫了——穿了相同款式的衣服，也许是这个原因吧，小雨滴便偷偷溜了出来。

放假在家，我正写着作业呢，外面就传来了雨的声音。这雨就这么突如其来，一点点的预兆都没有。

“滴答——滴答——”先来的这位雨先生是一位性格爽朗的人，他的乐曲声清脆、利落，没有一丝拖泥带水之意。就这样简简单单的一首小曲，里面藏不住的是满满的快乐与兴奋。“滴答滴——滴答滴——”雨渐渐大了起来，这时来的是一位正值花季的雨小姐，她多才多艺，能歌善舞。不过雨小姐最擅长的还是“乐器之王”钢琴，能奏出一种半梦半醒的感觉，能让人回味无穷。今天，雨小姐又要向大家露一手自己的钢琴技艺，只见她修长的手指恍如小精灵，在黑键与白键之间跳跃。窗外不时传来风歌唱家的演唱，正好配合了那美妙的琴声。

“嗒嗒嗒嗒嗒嗒……”雨越下越急，这时应该又换了一个人，换上的也准是那个急性子的雨小弟。当然，音乐虽不如刚刚的那般精致，但是也别有一番风味。雨小弟今天第一次来到人间，正好奇着呢，那看看，这摸摸，也不自觉地哼出了小调。这小调奇快，也许，这便是雨小弟的风格……

我朝窗外望去，湿漉漉的地面有着雨的印记，那是一首动听的歌。

云

胡怡璐

在蓝宝石一样的天空中，飘浮着雪一般的云。它们在天空中无忧无虑地飘着，或浓或淡，还不时地变换形态，好像在向你显示它的一切“化身”似的。有时，它像一只小白兔，在向前奔跑着，后面好像有一个人在追它，不一会儿，跑着跑着，它们便融入到云群里了。有时，像从远方飞来一只白蝴蝶，它一点一点地扩大，慢慢变模糊了，成了一大朵一大朵的白云。

在每天不同的时间，云也千姿百态。

清晨，太阳升起来，但云像一床厚被子似的遮住它，逼着它给自己镶上一道亮丽的金边，以使自己也变得光亮艳丽。但有时云层不够厚，阳光透过云层间的缝隙直射出来，化成千万把闪着金光的长剑，指向天空的各个方向。这时，云也因为借了太阳的威力，给自己穿上件玫瑰色的外套，分外迷人。

傍晚，太阳落山了，在它的余晖的照耀下，似火的晚霞染红了大半个天空，似乎要把整个世界溶化。在晚霞中的一切也都迷迷糊糊的改变自己的形象，变得神秘、缥缈起来。大大小小的孩子都会仰起头，或独自对着天空痴痴地望着，或三三两两对着天空指指点点，或三五成群大声而兴奋地叫嚷着。一直到晚霞退去，天色已暗，才揣几下自己的眼睛，依依不舍地转回家去。

在晴朗的夜晚，月亮升起来了，小星星也偷偷地眨着自己顽皮的眼睛，出现在更加蔚蓝的天空中。这时，那丝丝缕缕的白云，显现的如此的轻盈。它们一拨一拨地从月亮身边经过，却又不动声色，总是让我们误认为是月亮匆匆忙忙地往前赶呢！而小星星们，更是时隐时现，好像互相在玩着捉迷藏呢。

啊，多美的云！多有趣的云！真希望自己也变成这云中的一员，在那无边无际的天际，与它们自由自在地一起遨游！

大自然的音乐

周梓轩

秋天，是个金色的季节。在这个美丽的季节里，大自然也尽力绽放出了属于自己的精彩：美丽的风景，飘香的果实，还有那令我神往已久的大自然的音乐。

“轰隆隆”一声炸雷，如同撞击铜钟一样铿锵有力；一道闪电直劈下来，划过天空留下一条长长的尾巴，似乎能听到它那“噼啪”的炸裂声；起风了，树叶“哗哗”的摇摆起来，像一串串银铃在演奏美妙的音乐。

我轻轻地闭上了眼睛，任风婆婆温柔地抚摸着我的脸，真舒服呀！“啪哒”，那一定是树叶宝宝任性地从妈妈怀里跳下来了吧；“呼啦呼啦”调皮的树叶宝宝正在跳舞呢……

草丛里，“嗞嗞”的声音连续不断。呀，找到了，原来是蝈蝈正在叶子上尽情地歌唱呢。仔细一看才发现，它是靠翅膀高速震动摩擦发出的声音，这声音真好听！越往树木深处走，虫叫声越来越多，各种各样的虫鸣交织在一起，却一点儿也不嘈杂，倒像在演奏一首大自然交响曲。

啊，下雨了？雨点淅淅沥沥地落了下来，虫子们都被吓着了，交响曲骤然停了下来，你以为现在就安静了吗？不！不！不！你听："滴答滴答"，那是雨点儿把树叶当成了大鼓在敲呢；"呼……呼……"，那是风姑娘在吹奏长笛呢；"沙沙沙"，那是落叶不甘寂寞，摇着沙铃前来伴奏呢……

你听，大自然的音乐多奇妙，有浑厚雄壮的，有悠扬婉转的，有抑扬顿挫的，有呢喃细语的……下次大家都不用去买音乐会的门票了，直接到户外走走吧，去欣赏这大自然美妙的天然音乐会吧！你一定会和我一样，听得如痴如醉，久久不愿离去……

用心聆听

梅盛丽雅

你，是神奇的大自然。你无处不在，随处可见，有时候却又让人难以寻觅，而我，时时刻刻在用心聆听着你的声音。

用心聆听，你的声音。清晨，凝聚在树叶上的露珠滚落下来，一棵小草破土而出，一阵微风轻拂过水面，点出一圈又一圈的音符……一曲曲用心才能感受到的晨曲，一串串充满灵性的音符，是那么悠扬悦耳。

用心聆听，你的声音。正午，花朵争奇斗艳，大朵大朵地开放着，她们伸张着花瓣，贪婪地吸取着阳光，回忆清晨露珠的甘甜，散发着阵阵迷人的芳香。美丽的蝴蝶，顺着香味拍打着翅膀，像还没睡醒似的，练着体操。远离喧嚣的世界，摆脱一切的烦恼，用心聆听，用心感受，小小的生物也能发出天籁之音。

用心聆听，你的声音。傍晚，微风出来散步了，她掠过田野，经过草地，趟过湖水。田野里的花花草草，都弓着腰，像微风行礼问好；长长的野草顺着风那有节奏的“沙沙”声，情不自禁地摇晃着身躯，嘴里轻哼着歌谣：“哗啦啦，哗啦啦。”周围一切都静了，我沉醉在这场音乐会中，谁能说，你本身不就是一位美丽可爱的音乐家吗?

用心聆听，你的声音。夜晚，像是一位不速之客，雨，突然来了，令人始料不及。雨，先是绵绵的，柔柔的，拍打着窗户，像晶莹透亮的银针，一根一根打落在我的窗台上，“啪啪啪”，像是在嘲笑我让它们溜进来了。接着，雨越来越大，倾盆大雨从天而降。风姑娘不知被谁惹怒了，粗暴的吼叫着，树木被吹得东摇西晃，像是在低声哭泣着。一场暴雨，给花草带来勃勃生机。渐渐地，雨悄悄地停了，屋檐上的水珠还在往下滴，滴落在大大小小的旧瓦罐上，仿佛是一曲优雅的夜曲。

只要用心，就能聆听你的声音，感受你的美好。

夏日小夜曲

贾晶晶

“明月别枝惊鹊，清风半夜鸣蝉。稻花香里说丰年，听取蛙声一片。”这是南宋词人辛弃疾创作的一首吟咏田园风光的词。这首诗描绘出了夏日夜晚的美妙。可不是吗？在稻花的香气里，人们谈论着丰收的年景，耳边传来一阵阵虫儿的叫声，好像也在诉说着丰收年。

夏夜的确是美好的。宁静的夜晚，天空中轻云漂浮，星星眨着眼睛，还可以聆听各种各样的奇妙的声音。“知了，知了……”没错，这就是知了的歌声。可爱的蝉们用这动人的歌喉点缀着夏夜。“呱呱，呱呱……”夏夜里的歌唱家——青蛙，也敞开了它那洪亮的大嗓门，唱起了歌。“叽叽，叽叽……”咦？这又是谁的歌声？哦！原来是夏夜的小精灵——萤火虫啊！它们提着微微发绿的灯，唱了一首又一首动人的歌。“呼呼，呼呼……”一阵清凉凉的风也来凑热闹了，它带动了小草，小草“嗖，嗖，嗖”地摇起了身子，草丛里的蟋蟀、蝈蝈们也赶趟似的亮起了自己婉转的歌喉。广场上，孩子们你追我赶，不时响起“哈哈，哈哈……”的欢笑声。

啊！夏夜是多么美好啊！交响曲久久在夏夜的草丛里回响，仿佛自己就在天堂！我依稀还听见了月亮婆婆那慈祥的笑声。听着这美妙的音乐，整个人都放松下来，尽情地舒展着身体，让心灵接受大自然的洗礼。

渐渐地，夜深了。夜深了，只听见风儿轻轻地抚摸着大地，小动物们和孩子们沉沉地入睡了。明晚，又将迎来下一首欢乐的小夜曲吧。

月夜听琴

陶　婧

淡淡的月光下，静静地站在窗边，耳边传来那悦耳的钢琴声。在这样寂静的夜里，琴声带来的是奇妙的感觉，心也好似被装得满满的，蕴含着无数的情绪，给这夜的寂寞减去了几分孤独。

琴声中，有着淡淡的忧郁，让我想到了深蓝的大海，那么的宽广，让人感到如海般漫无边际的忧伤。但再细细品味就能听出，其中还有很多藏而不露的丰富情感，伤心、快乐、辛酸、甜蜜……就像那丰富的人生一般，充满着酸甜苦辣，最终都会迎来黎明的曙光，奔向那美好的希望之光中。

我满心沉浸在这美妙的旋律之中，仿佛进入了一个奇妙的世界。那里鸟语花香，有绿油油的草地，有沁人心脾的清新空气，有高度发达的科学技术，还有那飘浮在云端的美好城市——天空之城。

这充满魔力的乐声，让我的心沉静如水，整个人与漆黑的夜融合在一起。静静的，静静的，我的心中筑起了一座不朽的天堂，能够天长地久稳固般的天堂。

害怕夜的寂寞会让我失眠，也害怕夜的漫长会让我无所适从，在这个弥漫着悠扬琴声的夜里，我却喜欢上了夜的美，喜欢上了这空灵之声，从而忘却了一切忧愁、喧嚣。

乐曲已到收尾，声音越来越淡，最终归于宁静。但那久久回荡在我心头的琴声，如雪山上融化的清泉，流淌在我的灵魂之中，滋润着我的心田……

学会聆听

田伊宁

你是否注意到，当你静下心时，总会有一阵阵的声音，若有若无地回响在你的耳前耳后，想甩开、却怎么也甩不开呢？其实，这些声音就是你对过去的一种回忆，是你对于过去所记住的东西的一种回放。只有学会聆听，你才会得到更多的收获！

有一天，我忘了一个字在课文中的读音：看似很熟悉，却一直模糊不清；觉得答案近在咫尺，却总是不及答案之处，怎么找也找不到。到底这个字在课文中应该念Si还是念Shi呢？就在我迷惑不解之时，爸爸来了。我把这个问题给了他，爸爸马上给我解开了谜团——应该念Si；还告诉我说，以后遇到不会读或弄不清怎么读音的字时，一定要去先向字典问个清楚。他说得很对！从此，这个美妙声音，我再也没有忘记过，永远记在了心底。

有一天，我的生日到了，我邀请了最要好的几个好朋友来一起庆祝。当我点燃了生日蜡烛，听到他们一句句的生日祝福语时，我不禁流下了激动的泪水。我永远也忘不了，这一声声的亲切祝福，它们都是来自于好朋友内心的声音。

还有一次，我去儿童公园玩，刚进去，立刻就被荷花池的水流声给吸引住了。啊！水流声，优雅动听的水流声，虽然不及牡丹那样鲜艳、高雅，也不及荷花那样美丽、动人，可这么纯洁动听的声音，已经击败了它们的表面美，以一种最有味道的内在美，从此居住在了我的心里。

还有一次，我穿上了轮滑鞋，开始了第一次轮滑。失败了好几次，我有点儿失望。但我还是坚持下来了，一遍又一遍试探着。最终，我成功了！当我一迈步，流畅的“刺刺刺”的声音就传入了我的“耳帘”，那是轮滑鞋与地面接触摩擦的声音。我觉得，那声音代表着我的成功，代表着我的坚持，是对我最大的肯定！

啊！声音！你有专门让人“一听就忘”的“设备”，也有专门让人“过耳不忘”的“设备”！永远是那么两面性的你，给不同的人留下的就是不同的印象：只要有心，学会聆听，你就一定能够听到更多最美妙的声音；而不认真去听，就会错过许多最美丽的风景……

一件难堪的事

张　政

今天，发生了一件让我难堪的事儿。

上午，我刚从书法培训学校出来，远远就看到了一个熟悉的身影。长长的头发，红红的羽绒服，拎着个皮包一甩一甩地走着，分明是妈妈啊！她今天这么早就下班了？

“妈妈，妈妈！”我连忙迈开大步追了过去，耳旁是“呼呼”的风声。估计，那时我跑出的速度，刘翔看了都会嫉妒的。

可能是路上人很多，杂声很大，也可能是离妈妈的距离太远，总之，妈妈无动于衷，一步一摇地向着走着。我急了，加快了速度，边跑边加大音量喊道：“妈妈！妈妈！”

好不容易追到了妈妈身后，“妈妈”一转身——啊！竟然是张陌生的脸！

不是妈妈！我的脸顿时热辣辣的，不知是跑急了猛然停下来的原因，还是害羞引起的。

那位被无故称作“妈妈”的阿姨，显然感到莫名其妙，用惊诧的目光上下打量着我，路上的行人也都停下脚步，端详着我。要是有条地缝，我宁愿立刻钻进去。

缓过神来后，我急忙采取了“应急措施”，装作若无其事的样子，继续往前跑去，边跑还边有气无力地喊着：“妈妈，妈妈。”但愿他们能产生错觉，认为我没有喊这位陌生阿姨叫妈妈吧。

尽管这样，我还是觉得挺难堪的。

遭虫咬

侯钰卿

又是一个周末，爸妈带我去外婆家。见我们来了，外婆忙迎上来，高兴得眉开眼笑。

外婆去准备晚饭，我和姐姐去楼上看电视。看着看着，我突然觉得手背又疼又痒，不由得大叫一声：“哎呀，疼死我了——”“怎么了？”姐姐扭过头关切问道。“你看！好疼！”我一边喊一边伸出手背。姐姐定睛一看，不由地叫出声来：“哎呀！”原来，我的手背上新添了两个红珍珠般的斑点。见到这两个斑点，我感觉更加疼、更加痒了，便不住地用手挠来挠去。

“咋弄的？”姐姐问道。我没回答，低着头寻找凶手，终于在脚底下发现了一条小虫子。“你看，在地上爬呢！”我一边哭着一边指着地上说。

只见这条虫子形似蚂蚁，但比蚂蚁大点，还长着一对翅儿，在地上乱爬。姐姐忙站起来，一脚搓过去，将虫子碾成碎末，嘴里还嘟囔着：“叫你咬——叫你咬——可恶！”

爸爸闻讯跑过来，抓住我的手一边看，一边安慰：“没事的，明

天就好了，我过去经常给虫子咬……”

第二天醒来，并不像爸爸说的“明天就好了”，我的手背肿起来，像一个合子，而且钻心地疼痒，如无数蚂蚁爬来爬去。

我哭着喊妈妈，妈妈忙过来，见我的手肿的这样，惊讶地说：“天哪，怎么会这样？”说完，忙进房间翻药箱，很快取来万金油，一边擦一边自责道：“都怪我，太大意，这虫有毒，可把女儿害苦了……”

万金油本是清凉的，经妈妈一揉，变的热乎乎的，如丝丝暖流，涌进我的心窝里。

我偎在妈妈的怀里，感觉好幸福。

找 钥 匙

茅文庆

好笑好笑真好笑，一想到这件事我就想笑。虽然这件事让我当时尝尽了苦头。

那是上个星期天，我在村里疯玩了一上午，快到吃午饭了，才依依不舍地告别小伙伴们向家走去。到了家门口，发现门锁着的，下意识地摸了摸胸前。糟了！钥匙没了！一下我惊出一身冷汗——这下惨了，进不了门了。妈妈还不知道到什么时候才能回家呢！

站在门口，我绞尽脑汁地回想，钥匙可能丢在哪儿呢？对，跳皮筋！可那时候钥匙还套在我脖子上啊！跳的时候还砸了好几下我的下巴呢。然后呢？在小云家玩。那时候有钥匙吗？好像没看见了。对，得去她家找找。

一路狂奔，到了小云家，我气喘吁吁地问小云：“我有没有把钥匙丢你家？”小云惊讶地说：“我没看到。咋了？钥匙丢了？”于是，我们把刚才在她家玩过的地方又细细搜查了一遍，不见我那亲爱的钥匙的踪影。把刚才玩的玩具一古脑儿倒在地上，玩具堆里依然没有。我急得差点哭了起来。

突然，我想到刚才还在小河边待了一会儿，看别人钓鱼。会不会丢那儿了？顾不上帮小云整理好玩具，我又向小河边跑去。

太惨了，小河边到处都是树叶、草。没办法，只得细细拨开树叶、小草。眼睛一眨都不敢眨，生怕一不小心就错过了我的宝贝钥匙。永莲妈妈正在河边洗衣服，看见我问道：“找什么呢？”“钥匙丢了！”带着哭腔我回答道。

旁边几位正在洗衣服的老奶奶和阿姨们都帮我找起来。掘地三尺，腰酸背痛却依然一无所获。没办法，向这些热心人道过谢后，我拖着沉重的脚步向家走去。既希望妈妈已经回来了，又担心妈妈已经到家了。“回味”着上次妈妈赏我的那顿“竹笋炒肉”，心里暗暗叹了口气，唉，真是倒霉。

到了家门口，门依然紧锁着，看样子妈妈还没回来，暂时没有挨打的危险。实在太累了，我一屁股坐在门坎上，靠着门唉声叹气。

咦！身后有个硬邦邦的东西硌着我的背，是什么呢？我心里一阵狂喜，一定是钥匙！

我一下蹦了起来！用最快的速度把它转回到胸前。果然是它！这个讨厌的小可爱！肯定是刚才玩疯了时，它偷偷地转到我的背后去了。

望着这把让我尝尽苦头的钥匙，我长长地舒了一口气。真是骑驴找驴，虚惊一场啊！